象棋攻防技巧指南

柳大华◎编著

天津出版传媒集团
天津科学技术出版社

图书在版编目（CIP）数据

象棋攻防技巧指南 / 柳大华编著 . -- 天津 : 天津科学技术出版社 , 2023.4

ISBN 978-7-5742-0688-5

Ⅰ. ①象… Ⅱ. ①柳… Ⅲ. ①中国象棋—对局(棋类运动) Ⅳ. ①G891.2

中国版本图书馆 CIP 数据核字 (2022) 第 215278 号

象棋攻防技巧指南

XIANGQI GONGFANG JIQIAO ZHINAN

责任编辑：石　崑

责任印制：兰　毅

出　版：天津出版传媒集团 / 天津科学技术出版社

地　址：天津市西康路 35 号

邮　编：300051

电　话：(022) 23332397

网　址：www. tjkjcbs. com. cn

发　行：新华书店经销

印　刷：三河市延风印装有限公司

开本 640 × 920　1/16　印张 12　字数 150 000

2023 年 4 月第 1 版第 1 次印刷

定价：39.80 元

前　言

关于象棋的攻防，北宋理学家程颢曾经写过这样一首诗：

大都博弈皆戏剧，象戏翻能学用兵。
车马尚存周战法，偏裨兼备汉宫名。
中军八面将军重，河外尖斜步卒轻。
却凭纹楸聊自笑，雄如刘项亦闲争。

在这首诗当中，我们仿佛听到了刀枪剑戟相碰撞的金属声，也好像听到了战马的嘶叫之声，一幅战争的画面跃然纸上。

象棋是战场的缩影，充满了战斗的色彩。行棋过程充满你拼我杀的明争暗斗，为了争取主动，为了争取胜利，对于进攻与防御之间的关系，在任何时候，都应当力求把进攻放在第一位，把防御放在第二位。这就是说，在对局过程中，只要形势许可，就应当力求进攻，力求给对方以威胁。因此，攻防是象棋的核心内容，但是，这绝不是说，只要进攻，不要防守。正相反，防守也不可偏废。而攻防转换的依据便是双方的态势，在进攻的时候，应当兼顾防守，或兼攻顾守，或攻守兼顾。有时以守为主，以攻为辅，有时以攻为主，以守为辅。行棋过程中的攻与守、静与动、势与利，无一不体现在人们的生活中，攻防着法凝练简洁，是象棋制胜的关键。掌握攻防技巧，是每个棋手必备的基本功。而攻杀与防守正是象棋的魅力所在，让人在沉思中得到智慧的启迪，在美的享受中提高艺术趣味。千百年来，有无数的象棋爱好者为它的魅力所倾倒。

在下象棋的过程中，许多人往往形成了自己的象棋模式，对手若是进攻，则自己的行棋则是为了打破对方的进攻布局。在对手乱局之时完成自己的战略布局。在这个过程中虽损一步棋也是值得的，得到的却是对

手陌生的局面和自己熟悉的布局。若对手是防御性的，则顺势出车，以求响应，避免孤军深入。这样他们虽然了解了对方的意图，却忽视了自己下棋的模式，而这常常是造成失败的重要因素。

因此，只有提高了自己的攻防能力，才能在对弈中获得胜利。为满足象棋爱好者在下棋的过程中迅速提高自己的攻防能力，提高象棋整体水平的需要，在本书编写的过程中通过棋例深入探讨了攻防技术、战术组合及运子技巧，这些棋例既有从象棋古谱中精挑细选的对局，也有当代特级大师的精彩演绎，着重探讨在行棋过程中的攻防技巧，内容全面，文字简练，分析精到，并附有图谱，总结制胜规律，让读者诸君轻松掌握我国的瑰宝——象棋艺术，让你在楚河汉界红黑对垒之中尽情发挥自己的棋艺及风格，与身边的每一位棋艺爱好者共享“小棋盘大人生”的美妙与乐趣！

目录 Contents

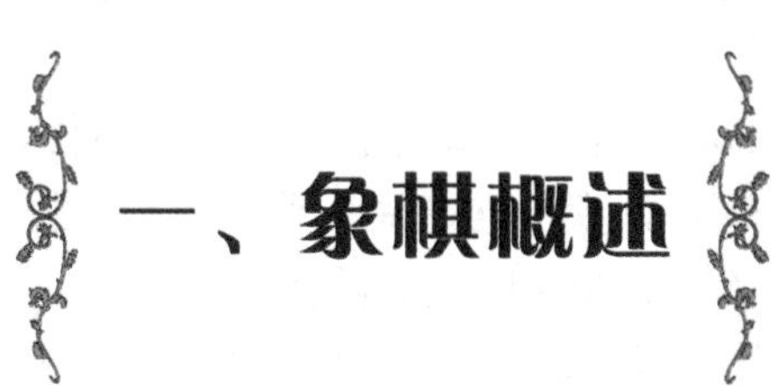

一、象棋概述

象棋起源与发展

象棋的发展经历了漫长的过程，早在两千多年前的春秋战国时期就已有关于象棋的记载，《楚辞·招魂篇》写道："琨蔽象棋有六博些。"这里讲的是六博棋，由两个人来下，每方六个棋子，其中有一个叫"枭"，以杀死对方的枭为胜。

六博棋只是古代棋戏的萌芽，与现代象棋有很大差别，到了南北朝时期，六博棋发展成"象戏"，北周武帝宇文邕召集文武百官讲解提倡，并撰写《象经》。

唐代是象戏的全盛时期，唐太宗喜好象戏，予以提倡，后来的武则天也是个象戏迷，她连做梦也与天女下棋。

唐代象戏的棋盘是正方形，由黑白相间的 64 方格组成，棋子有王、军师、马、象、车、兵等，是立体形的，唐代象戏是现代象棋的前身，两者在棋盘、棋子及走法已十分接近。

唐末至北宋是象戏的大变革时期，棋盘出现河界、九宫，棋子的"王"改为"将"，"军师"改为"士"，同时由于火药的发明，增加了"炮"的兵种，棋子从方格上运动改为交叉点上运动，走法也有相应的调整。

从近年出土的宋徽宗时期的象棋子来看，与现代象棋完全一样。另外，北宋末年女词人李清照在《打马图经·序》中附有象棋棋盘图，也与现代象棋完全一样，说明北宋时期象棋已定型，至今不变。

南宋是象棋定型后的初盛时期，宫庭设有象棋的"棋待诏"官职共 10 人，宰相文天祥就是一位象棋高手，能下蒙目棋。在民间，象棋十分普及，家喻户晓。目前留存下来最早的象棋古谱，就是南宋学者陈元靓编的《事林广记 · 象棋卷》，载有全局谱两则，残局图谱一则，反映了当时的棋艺已达到相当高的水平。

元代时期国家动乱，象棋运动停顿了。到了明代象棋又有了大的发展，涌现出一些象棋国手，特别是金陵人徐芝编的《适情雅趣》谱、东海人朱晋桢编的《橘中秘》谱，是对明代象棋艺术的总结。

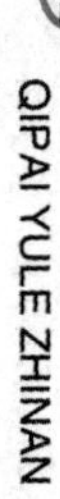

清代乾隆年间，是象棋的昌盛时期，出现许多职业棋手，在全国各地分为几大流派。名手王再越编的《梅花谱》是象棋布局史上一部划时代的著作，开拓了屏风马阵式的新方向，另外还有《梅花泉》《竹香斋象戏谱》《百局象棋谱》《渊深海阔》等棋谱，都大大丰富了象棋艺术的宝库。

中华人民共和国成立后，象棋运动蓬勃发展，1956 年把象棋列入体育项目，连续举办全国比赛，以后各省、市相继建立棋院、棋校、棋队等。各种象棋杂志、象棋书籍的出版发行，也推动了象棋的普及与提高。

1978 年，亚洲象棋联合会成立，每年举办亚洲杯团体赛或个人赛。1982 年亚洲象棋联合会成立推广委员会，决定向全世界推广中国象棋，先后举办多届国际邀请赛，促进了美洲、欧洲的象棋运动。1993 年，在北京成立了世界象棋联合会，每两年举办世界杯赛，从此象棋正式走向世界。

中国象棋是我国传统的棋种，历史悠久，流传广泛，是中华民族珍贵的文化遗产，在我国有着广泛和深厚的群众基础，无论城市或乡村，无论何种职业，都有许多象棋爱好者。作为最广泛的一项文体活动，中国的象棋爱好者约一亿人左右。亿万人的爱好和亿万个精彩的棋局，造就了一大批出类拔萃的象棋高手。

象棋之所以久盛不衰，主要源于它本身所具有的独特魅力。有人说它是“古今最高尚之消遣品”，也有人说它是“战斗式的休息”或“休息式的战斗”。引人入胜的棋局，构思精巧的排局，其魅力决不亚于一曲动听的音乐，一幅绝妙的图画，一件完美的艺术品。经常下象棋，可以开发人的智力，促进人的思维能力，使人变得更聪明，更有智慧。象棋融科学、文化、艺术、趣味、竞技为一体，堪称中国传统文化园地中的一朵奇葩，深得人们的喜爱。

象棋棋具与记录方法

(一)棋盘和棋子

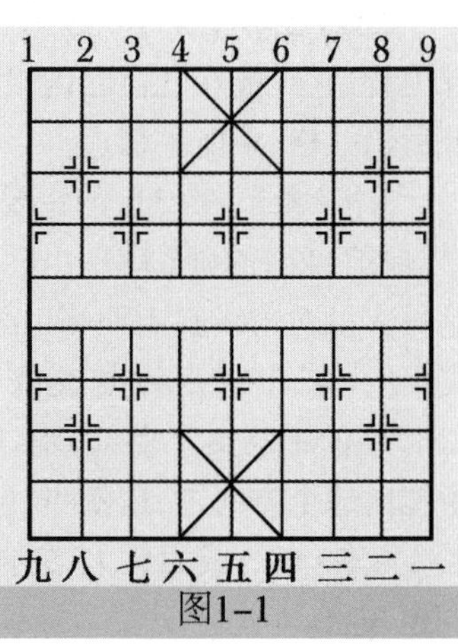

图1-1

象棋是一种双方对阵的竞技项目,它的棋子共有 32 个,分为红黑两组,每组各有 16 个,由下棋的双方各拿一组。象棋兵种有以下 7 种。

红方:有 1 个帅,仕、相、车、马、炮各 2 个,有 5 个兵。

黑方:有 1 个将,士、象、车、马、炮各 2 个,有 5 个卒。

棋盘是棋子活动的场所。在长方形的平面上,绘有 9 条平行的竖线和 10 条平行的横线相交组成,共有 90 个交叉点,棋子就摆在交叉点上。中间部分,也就是棋盘的第 5、第 6 两条横线之间未画竖线的空白地带,称为“河界”。两端的中间,也就是两端第 4 条到第 6 条竖线之间的正方形部位,以斜交叉线构成“米”字方格的地方,叫作“九宫”(它恰好有 9 个交叉点)。

整个棋盘以河界分为相等的两部分,为了比赛记录和学习棋谱方便起见,《中国象棋规则》规定:

按九条竖线从右至左用中文数字一至九来表示红方的每条竖线,用阿拉伯数字 1 至 9 来表示黑方的每条竖线(如图 1-1)。对弈开始之前,红黑双方应该把棋子摆放在规定的位置(如图 1-2)。

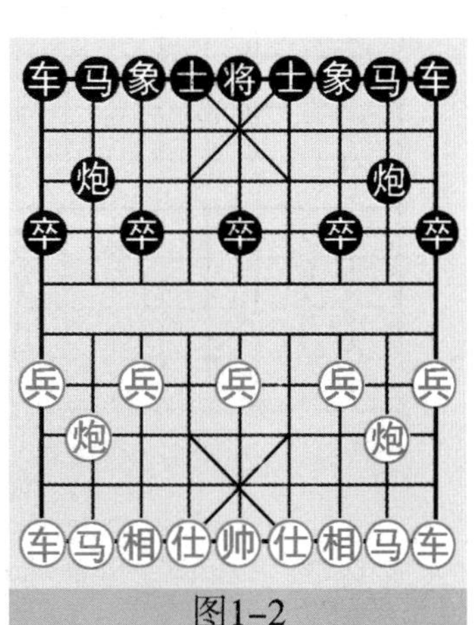

图1-2

每个棋子的具体走法如下:

1.帅、将:帅和将是棋中的首脑,是双方竭尽全力争夺的目标。它只能在九宫之内的九个点上活动,可上可下,可左右,每次走动只能按竖线或横线走动一格(如图 1-3)。还有一条很重要的规定,就是帅和将不准在同一条直线上直接对面,即"明将"。图 1-3 中的 A 点,是明将的位置,帅不能左走。

2.仕(士):仕(士)是帅(将)的贴身保卫者,它只能在九宫之内沿着斜线前进或后退一格,不能平移。

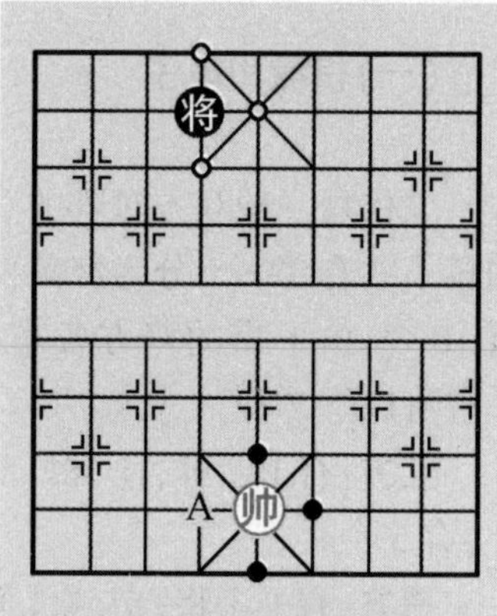

图1-3

3.相(象):相(象)的主要作用就是防守,保护自己的帅(将)。相(象)的走法是每次沿对角线斜走两格,俗称"相(象)走田"。若在对角线的交叉点上(即在"田"字的中间交叉点处)有一个棋子,就不能向那个方向走,这就叫"塞象眼"。

4.车:车的威力最大,它能横走,也能直走,能进能退。只要无子阻拦,行走的格数不限,故有"一车十子寒"之称(如图 1-4)。

5.炮:炮在不吃子的时候,走动的方法与车完全相同。或直或横,或左或右,或进或退,或远或近,都由自己选择(如图 1-5)。

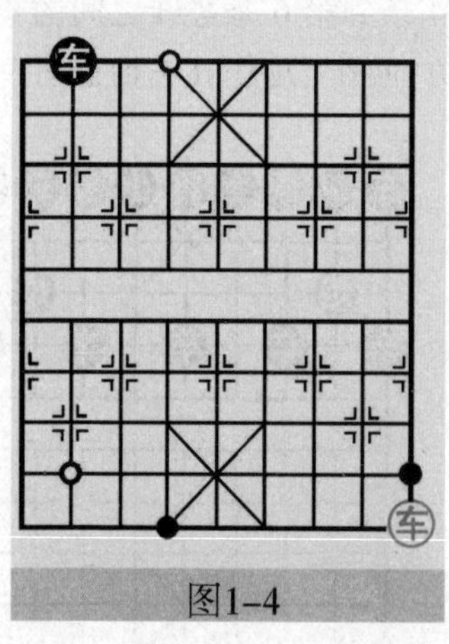

图1-4

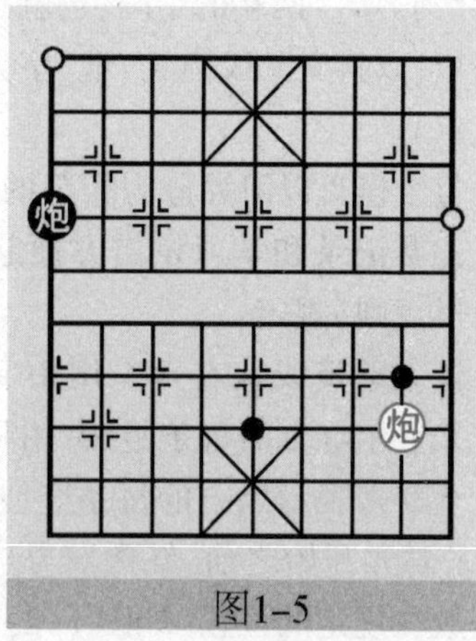

图1-5

6.马:马走动的方法是一直一斜,即每一着先横着或直着走一格,然后再斜着走一个对角线,俗称"马走日"。因为从原来所在的一点,到新的一点,恰好是个"日"字。

当马处在棋盘中间范围的某一个位置时,它能到达四面八方的八个点,故有"八面威风"之说(如图 1-6)。

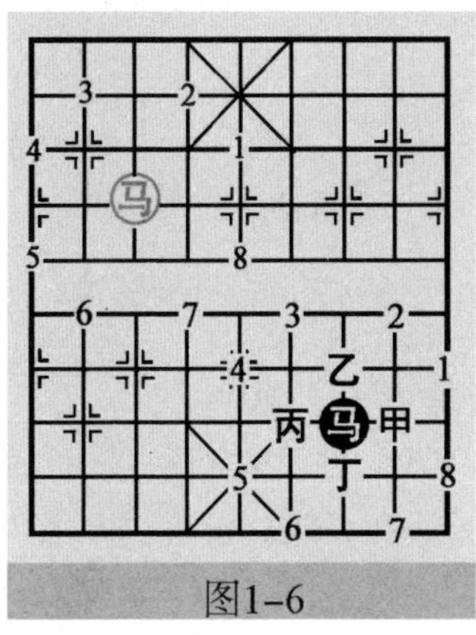

图1-6

如果在一横或一直的地方有一个棋子(无论是自己的还是对方的),马都不能走过去,俗称"蹩马腿"(如图 1-6 所示)。如果马的四周甲、乙、丙、丁处没有棋子,马可以分别跳到 1~8 位。如果甲点有子,则不能到达 1、8 位;乙点有子则不能到达 2、3 位;丙点有子不能到达 4、5 位;丁点有子不能到达 6、7 位。

7.兵、卒:兵(卒)在没有过河界时,只能向前走,每次只限走一格。过河以后行动的方向增加到三个:即向前、向左或向右,每次也只限走一格;但不准后退(如图 1-7)。

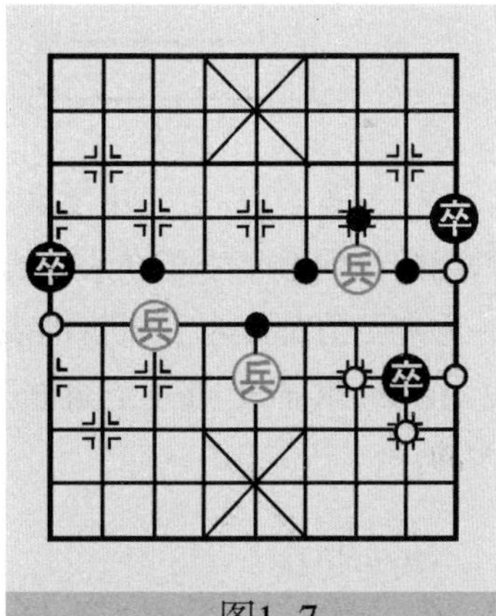

图1-7

任何棋子在走动时,如果己方棋子可以到达的位置有对方的棋子,就可以把对方棋子拿出棋盘(称为吃子)而换上自己的棋子,只有炮的吃子方式与它的走法不同:它和对方棋子之间必须隔一个子,不管是自己的或者是对方的都可以,具备此条件才能吃掉对方棋子。一定要注意,只隔一个棋子,这个棋子俗称"炮架子"。图 1-8 中的中兵,正处在红炮与黑卒之间,这个中兵就是炮架子。红炮有了这个炮架子，才能把黑中卒吃掉。

帅（将）以外，任何棋子都可以听任对方吃或主动送给对方吃。

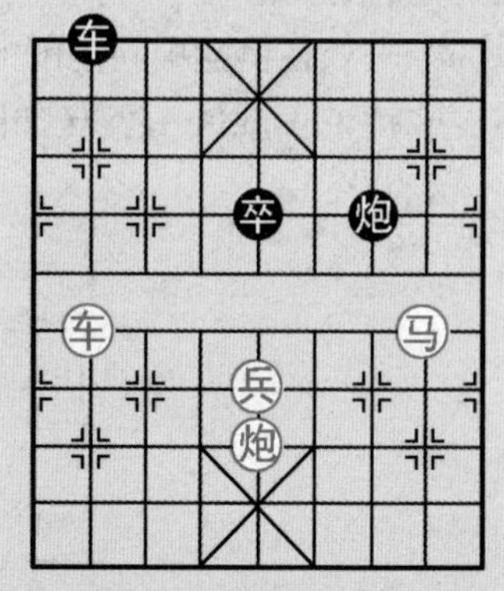

图1-8

（二）记录方法

分为完整记录与简写记录两种。

完整记录

每一着棋用四个字来表示。第一个字是要走动的棋子的名称，如“车”或“卒”等；第二个字是棋子所在直线的位置，如“五”或“2”等；第三个字是棋子运动的方向，向前走用“进”，向后走（往回走）用“退”，横着走用“平”；第四个字是棋子进、退的格数，或是平走所到达直线的位置。遇到马、相（象）、仕（士）三个兵种时，因为它们都是斜走，有前进，有后退，没有平移，因此第四个字都是所到达的直线的位置。

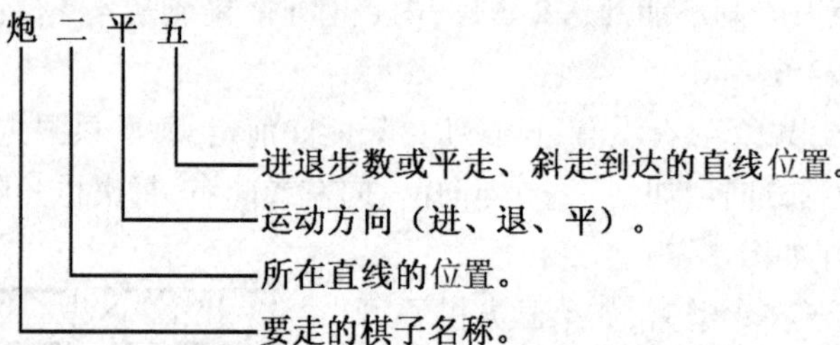

记录规定，红方用中文数字一至九来表示自己的棋子在哪条竖线；黑方用阿拉伯数字 1 至 9 表示自己的棋子在哪条竖线。同时还需要注意：红方和黑方都以本方棋盘的底线为标准从右向左依次排列。如一方的两个相同的棋子在同一条直线上，要注明所走动的棋子是前面的还是后面的。

简写记录

不管红方还是黑方，都用阿拉伯数字记录着法，如炮 25 等。在第 3

个字的下面画一短线表示“进”，在上面画一短线表示“退”，上下都不画则表示“平”。如车25、炮$4\underline{3}$、马$8\overline{6}$。

象棋规则与基本术语

为了使对弈双方避免因某种特殊情况而引起无谓的争端，历来都订有一些规则供对弈者遵守。现在通行的是2020年由中国象棋协会审定的《象棋竞赛规则(2020版)》。

(一)象棋规则

胜、负、和的判定

1.“将军”“应将”“将死”“困毙”

一方棋子攻击对方帅(将)并拟于下一着要把它吃掉，这一着棋，称之为“将军”，或简称“将”。被“将”的一方必须用反击、躲避或防卫的着法去消除被“将”的状态，这种着法就称为“应将”。如果被将军而无法解除，就称“将死”。如帅(将)被禁在一个位置上无路可走，或存在有其他棋子，同时亦不能动弹，就称“困毙”。

2.一局的胜、负、和

帅(将)被对方将死或困毙；因失子失势未至局终便自动认输；违反棋规超过规定的范围和次数，都判作“负”，判对方“胜”(误动帅(将)送给对方吃，直接判作负)。

和棋则较为复杂，大体可依下列标准给予判定。

(1)从局势或子力看，双方均无取胜可能，作和。有的棋经临时限着后，着数到了又未能杀棋，亦作和。

(2)一方走子后，提议作和，另一方表示同意，作和。如另一方拒绝或继续走子，提议方不得再提，须待另一方也有一次提和被拒绝(此时如同意亦和)后，任意一方可再次提和，总之除第一次不得连续两次提和外，以后双方的提和次数不得超出对方两次以上。另外，在提和后，对方作出

明确的表示之前,不得撤回提议。宣布同意的一方也不能临时反悔。

(3)双方走棋出现循环反复达三次以上,虽属“允许着法”,但一方提和,经裁判审定可判作和棋。或不经任何一方提议,可直接由责任裁判判和。

(4)凡一局棋无论从哪一着算起,在六十回合中双方均无吃子,允许任何一方提和,裁判审查属实可判和。

(5)双方着法循环重复,符合棋例中“不变作和”的规定的,判和。

3.多局的胜、负、和

由赛程规定,或双方议定的多局赛,以积分决胜负。如胜1分、负0分、和各0.5分,累计分多者为胜、少者为负,分一样多为和。

摸子走子,落子无悔

1.轮到己方走子,手触摸过哪个棋子,就应走那个棋子。除非触摸到的那个棋子按棋规根本不能走,才可另走他子,并记违例一次。摸子超过两个,应走先摸的一个,实在无法区分先后,才允许选择走其中一子。如须摆正棋子,须对方走子后,在事先告知对方的情况下才能进行。

2.摸及对方棋子,必须吃掉那个棋子,己方任何棋子都无法去吃,才可另行走子。

3.棋子已经离手,落在棋盘上某点,且又是符合行棋规定的,不得另移别的位置。如失手跌落则不作走子论处。另外,不得在棋盘上推子或拖子,如是,经裁判判定,作移至前方的第一个交叉点处理。

棋例细则

1.作负的基本限定

(1)“长将”作负。

一方进攻棋子(兵卒除外)步步叫吃对方帅(将)而又形成重复局面循环往复达三次者,这就叫作“长将”,这是不允许的,不变作负。如图1-9中,黑车正将军红帅,红帅进一,黑车又退1照将,红帅退一,黑车又进1照将。如此反复叫吃红帅。黑方即犯长将之禁,不变判负。

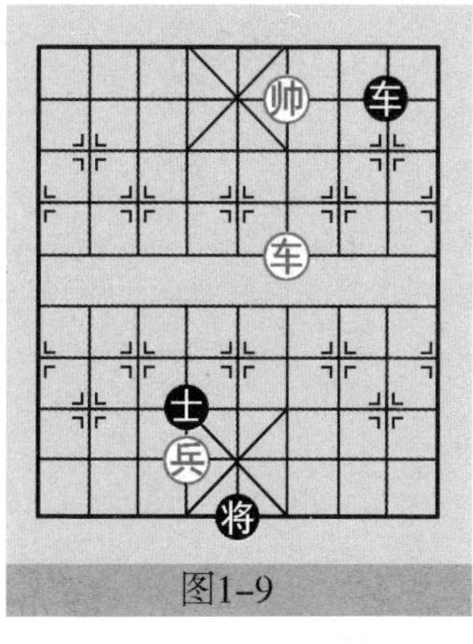

图1-9

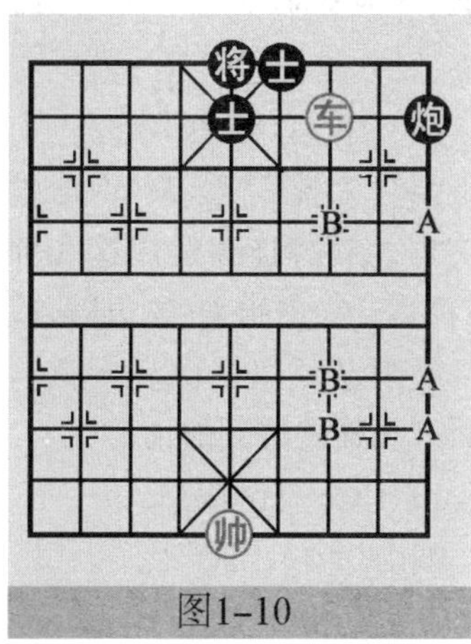

图1-10

(2)"长捉"作负。

一方的强子步步追吃对方棋子,形成重复局面循环达三次者,叫"长捉",不变判负。如图 1-10,红车正捉黑炮,黑炮逃到有 A 的据点(没有他子保护),红车又走到对应的 B 的位置去捉,黑炮再逃,车再捉,而又不能捉死,这样就叫长捉。但是将(帅)和(卒)兵可以长捉,只作闲着处理(如图 1-11、图 1-12)。

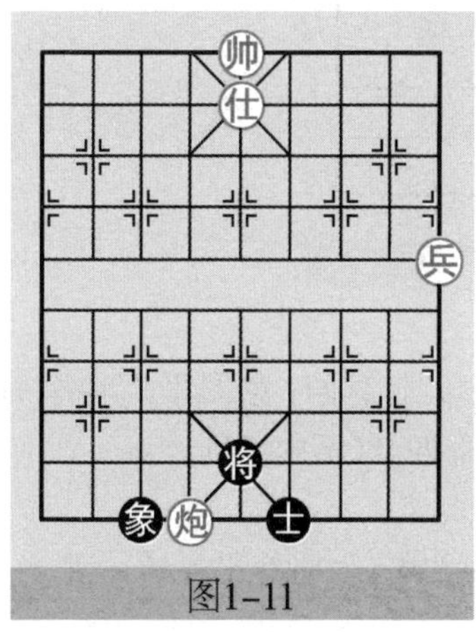

图1-11

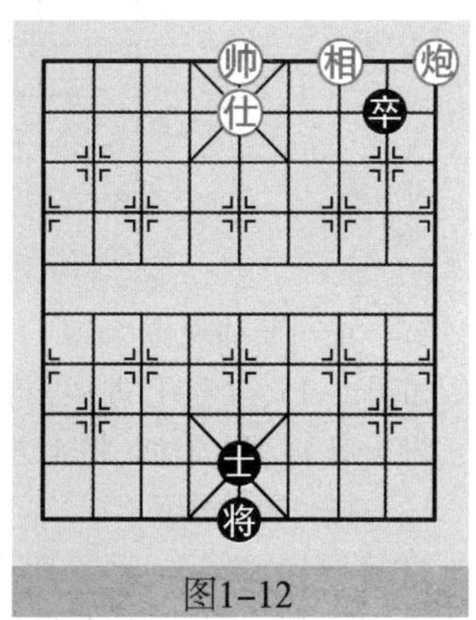

图1-12

(3)"长杀"作负。

一方长要杀,判负。如图 1-13 中,红方先走车三平二,炮 7 平 8,车二平三,炮8平7,车三平二,红车属步步要杀,黑方属长拦闲着。红不变判负。

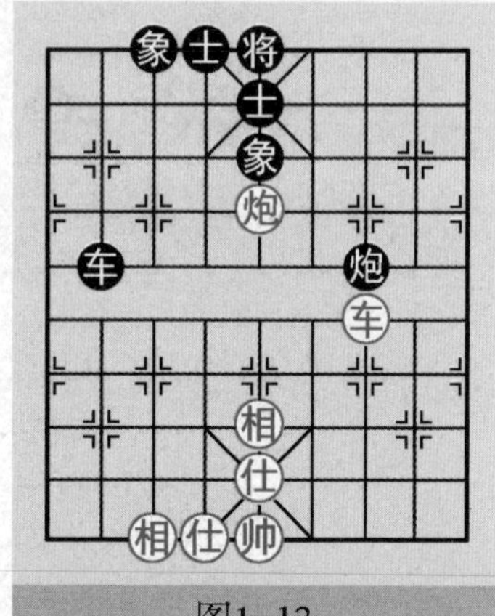
图1-13

(4)“长打”作负。

“将”“捉”“要杀”“抽吃”等都算“打”着。交替连续运用这几种打的手段(两种以上)逼迫对方,即算违例。形成重复局面循环达三次者判负。一般又分有如下几种常遇到的情况:

1)一将一捉作负。

如图1-14,红车七平五,将5平4,车五平九,炮1平2,车九平六,将4平5,车六平八,红车如是反复循环捉子和“将军”,不变作负。

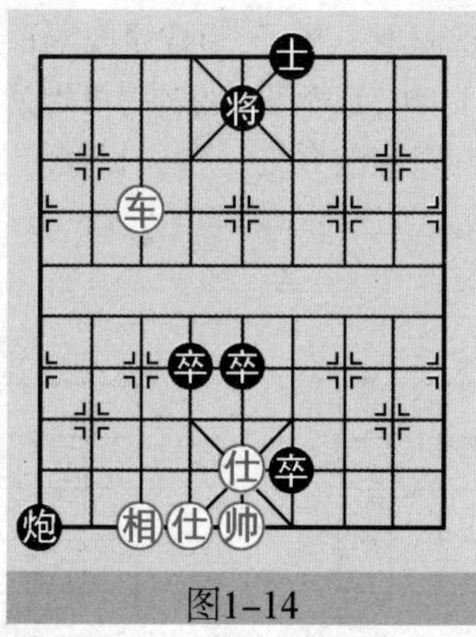
图1-14

2)一将一要抽吃作负。

如图1-15,红车七进四,将4进1,车七退四(意图平六将军后抽吃),将4退1,车七进四,将4进1,车七退四,红不变作负。

3)一将一要杀作负。

如图1-16,红车一平六,将4平5,车六平一,将5平4,车一平六,如是往复,叫一将一要杀,红不变作负。

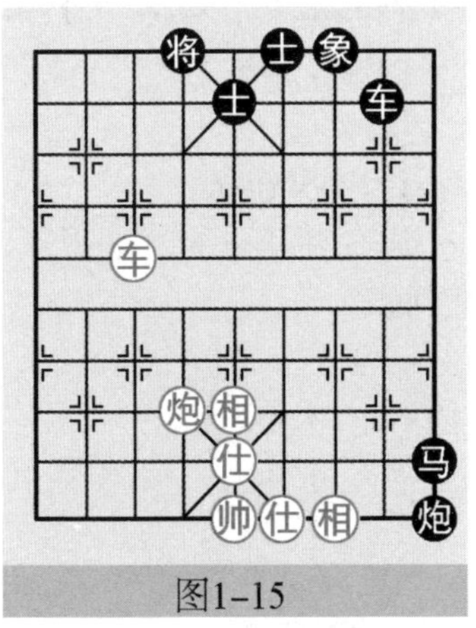

图1-15

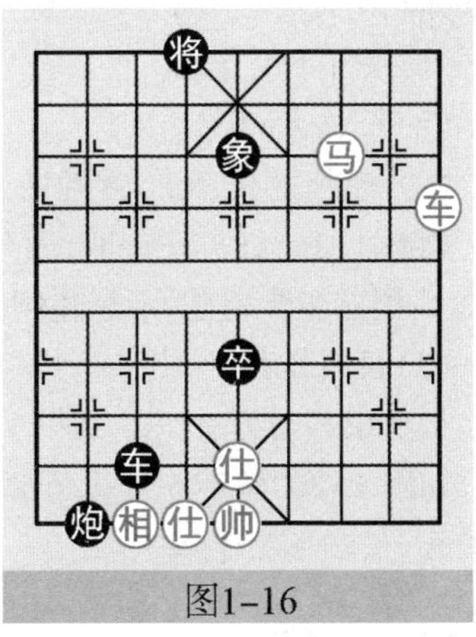

图1-16

(5)二打一还打,二打方不变作负。

一方二打,另一方还以一打,一闲着,反复循环,二打方要变着,不变作负。如图1-17中,红车七退二,马2退1,车七进二,马1退2,车七进二,马2进1,车七退二,红不变作负。

2.作和的基本规则

(1)长拦作和。

连续运子阻挡对方某子进入攻击点而又非捉子者,叫作长拦,双方不变作和。

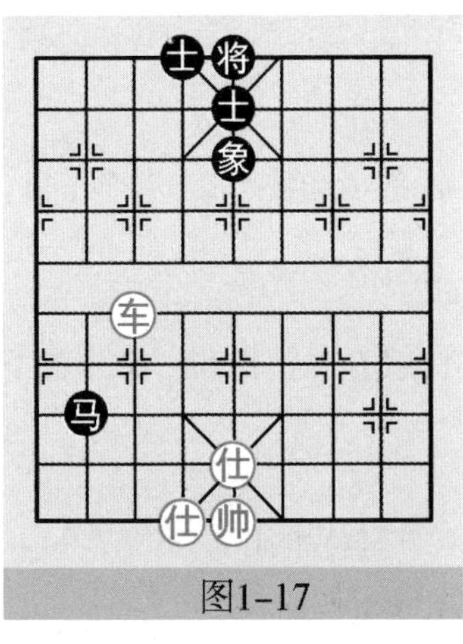

图1-17

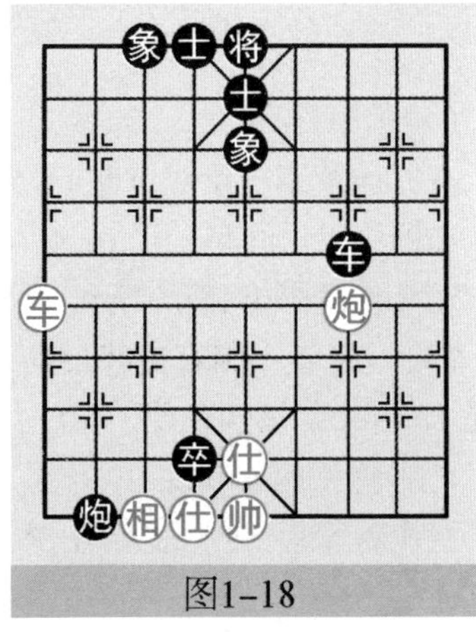

图1-18

如图 1-18,黑车 7 平 3,炮三平七,车 3 平 8,炮七平二,车 8 平 4,炮二平六,双方不变作和。

(2)长兑作和。

一方连续邀兑,另一方避兑,双方相持不让,不变作和。

如图 1-19,红车一进四,后车退 4,车一退三,后车进 3,车一退二,前车退 4,黑方步步邀兑,不算违例,双方不变判和。

(3)长跟作和。

步步跟着对方有“根”的棋子,双方相持不让,不变作和。

如图 1-20,黑卒 6 平 7,车四平三,卒 7 平 8,车三平二,卒 8 平 7,车二平三,双方不变作和。

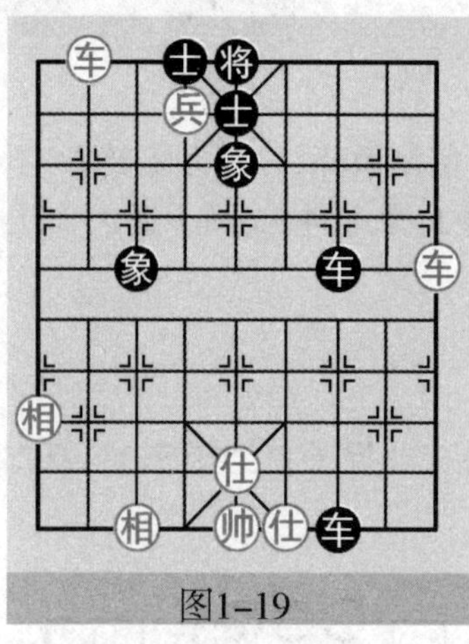
图1-19

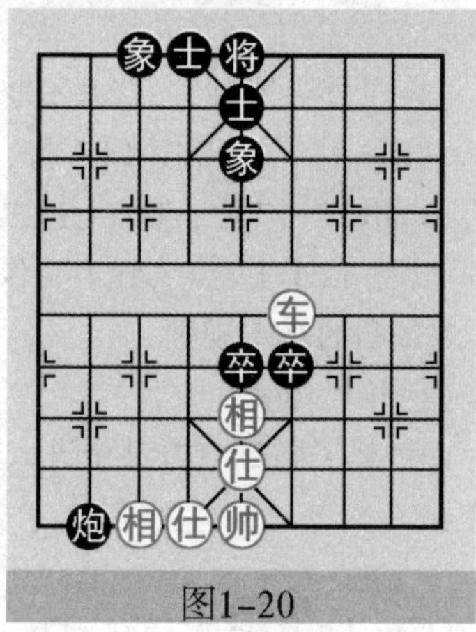
图1-20

(4)长献作和。

一方连续送子给对方吃,对方不吃避开,双方相持不让,不变作和。

如图 1-21,红车三平二,炮 7 平 8,车二平一,炮 8 平 9,车一平三,炮 9 平 7,黑连续献炮,双方不让,不变作和。

(5)一打着一闲着交替行棋,不算违例,双方不让作和。又分若干种情况,下面分别举例说明。

1)一将一闲作和。

一步将军后,走一步闲着,不算违例,双方坚持不让步,不变判和。

如图 1-22,红方车四平三,将 5 平 6,车三平四,将 6 平 5,车四平三,双方不变属一将一闲,作和。

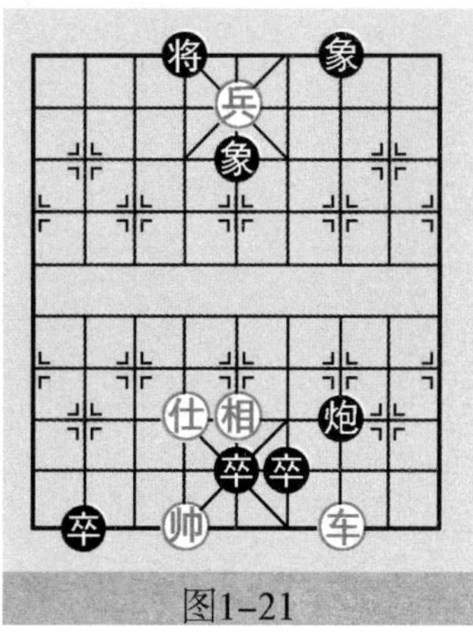

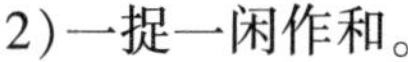
图1-21

2)一捉一闲作和。

一步捉子,一步闲着,不算违例,双方循环不变作和。

如图 1-23,红车二平七,马 3 退 2,车七平三,马 2 进 1,车三平九,马 1 退 2,双方不变作和。

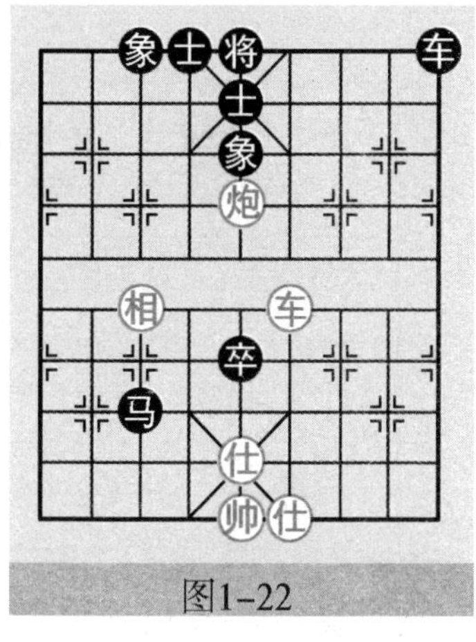

图1-22

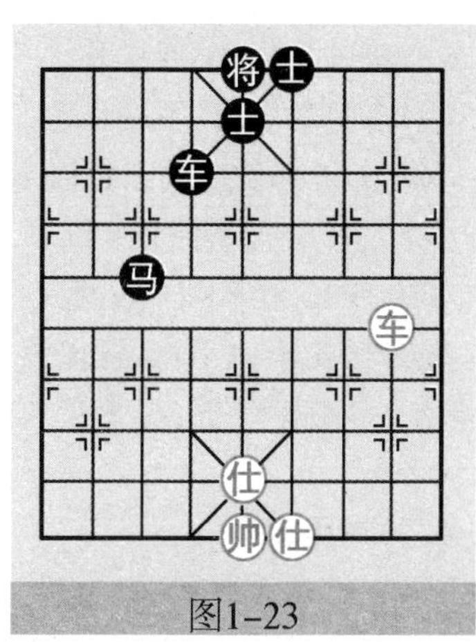

图1-23

3)一杀一闲作和。

一步要杀,一步闲着,不算违例,不变作和。

如图 1-24,黑车 9 进 4,车五平三,车 9 退 4,车三平五,车 9 进 6,车五平二,车 9 退 6,车二平五,双方坚持不变作和。

(6)解“将”还“将”作和。

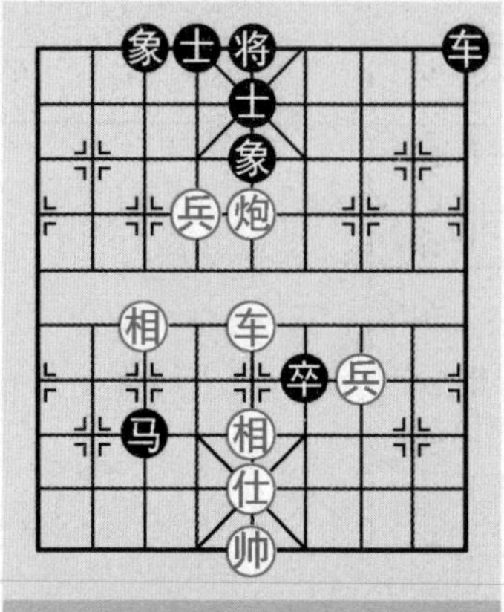

图1-24

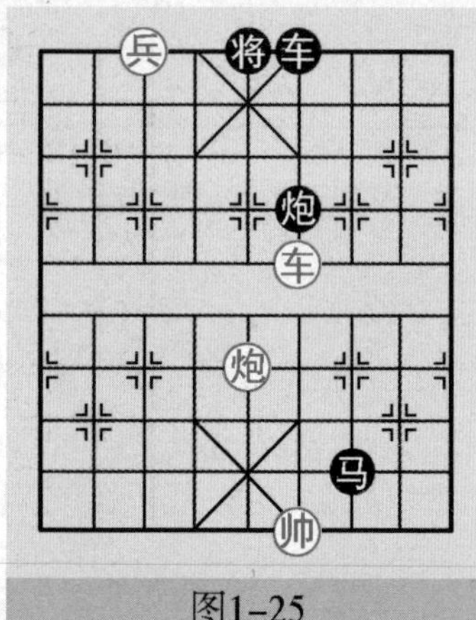

图1-25

一方在解除将军时，还将对方，如双方不肯或无法变着，作和。

如图1-25，红车四平五，炮6平5，车五平四，炮5平6，车四平五，双方都属解将还将且无法变着，作和。

(7)兵卒长捉，不变作和。

(8)将帅长捉，不变作和。

(9)多打对多打，不变作和。

双方走子都是连续二打以上，称为多打对多打，双方坚持不变作和。

如图1-26，红车六平五，炮4平2，车五平六，炮5平4，车六平八，炮4平5，车八平六，炮2平4，车六平五，双方不变作和。

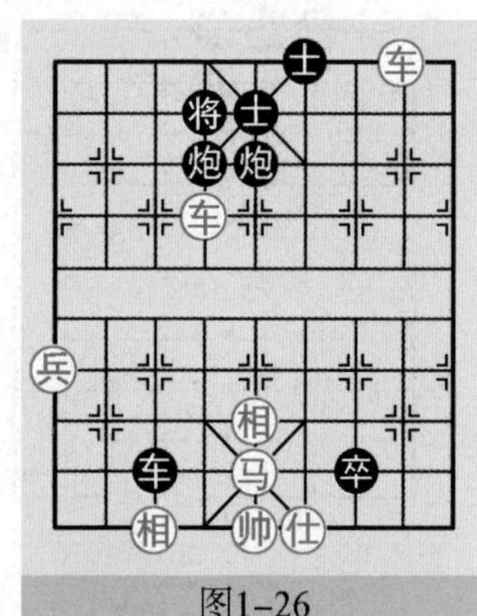

图1-26

(二)常用术语

象棋术语是前人下棋过程中根据对弈理的认识，不断总结归纳出来的，继而又成为指导后人实践的工具。为了便于初学者掌握，现将象棋常用术语列述如下。

1.将军

对局中，一方的棋子要在下一着棋将对方的帅(将)吃掉，称为“将军”“将”“照将”“叫将”“打将”等。

2.应将

被将军的一方所采取的反击、躲避或防卫的着法。应将的方法如下。

(1)吃掉对方进行将军的棋子。

(2)帅(将)从被攻击的位置上避开。

(3)用自己的棋子置于对方将军的棋子和自己帅(将)之间,俗称"垫将"。

(4)遇到对方炮将时,除以上应将的方法外,还可以把己方被当作炮架子的棋子撤开。如遇马将时,还可以用己方的棋子蹩住马腿。

3.将死

如果被将军而无法应将,就算"将死"。

4.困毙

轮到走棋的一方,帅(将)虽然没有被将军,却被禁在一个位置上无路可走,同时其他棋子也都不能走动,就算被"困毙"。

5.胜、负、和

(1)对局时,一方出现下列情况之一,就算输棋,对方取胜:①帅(将)被对方"将死";②被"困毙";③自己宣布认输。

(2)对局时,出现下列情况之一,就算和棋:①属于理论上公认的双方均无取胜可能的局势;②一方走出自己轮走的一着棋之后,提议作和,对方表示同意;③双方走棋出现循环反复已达三次,并符合"不变作和"的有关规定,又均不愿变着时。

6.河界线

构成河界的两条横线。

7.巡河

一方棋子在己方河界线上时,称为"巡河"。

8.骑河

一方棋子在对方河界线上时,称为"骑河"。

9.中线

棋盘中第5条竖线,通常用"五"(红方)或"5"(黑方)来表示,称为"中线"。

10.肋道

棋盘中第4、6两条竖线,通常用"四""六"(红方)或"4""6"(黑方)

来表示，称为“肋道”，也叫作“肋”。

11.兵行线（卒林线）

棋盘中“河界线”下面的第一条横线，红方称为“兵行线”，黑方称为“卒林线”。兵、卒就摆在这条线上。

12.宫顶线

兵行线（卒林线）下面的那条横线，因是“九宫”的顶线，故得名。

13.底线

棋盘两端的第一条横线，称为“底线”。

14.对局

双方下棋称“对局”，亦叫“对弈”。

15.全局

指对局的全部过程。包括“开局”“中局”“残局”三个阶段。

16.局面

指对局中某一阶段双方棋子分布的状态。通常包括“先手”“后手”“优势”“平稳”“对攻”“复杂”“均势”，等等。

17.起着

开局第一着。

18.胜势

对局中，局势大体已定。胜利在望的一方，称“胜势”。

19.胜定

对局中，一方多子并占优势，另一方少子，又无手段反击和变化，形成必败的局势。其多子并占优势的一方称此棋局为“胜定”。

20.绝杀

对局中，一方下一着要将死对方，而对方又无法解救，称“绝杀”。

21.羊角士（仕）

把士支在九宫上角，称“羊角士（仕）”。是防守的一种方法。

22.花士象

或称花仕相。指对局中双士象或双仕相，在中线联防时左右分开的一种形式。

23.单缺士（仕）

对局中，有双象（相）而缺一士（仕），称“单缺士（仕）”。

24.单缺象(相)

对局中,有双士(仕)而缺一象(相),称“单缺象(相)”。

25.禁止着法

单方面走出的“长打”“长将”“长杀”“长捉”等为禁止着法。

26.允许着法

单方面走出的“长兑”“长献”“长拦”“长跟”“一打一闲”“二闲”等为允许着法。

27.闲着

一种适宜于对局相持阶段的着法,目的在于等待时机。

28.空着

毫无作用的一着棋,容易贻误战机,导致输棋。

29.吃

在己方棋子一步可及的据点上先有对方棋子,可根据需要和可能性,己方棋子进驻该据点并将该对方棋子去掉,叫作“吃子”。一方的各种类的棋子均有“吃”的权利和“被吃”的可能。

30.杀

凡走子企图在下一着照将或连续照将,使对方无法解救的着法称为“杀”,或“要杀”“叫杀”“做杀”等。

31.捉

凡走子到可以攻击对方棋子的位置,企图下一着把它吃掉者称“捉”。

32.打

凡属将杀捉的着法,统称为“打”。

33.兑

凡让一个有保护的棋子在先失后得的情况下企图和对方棋子等价交换者称为兑,而吃掉对方棋子后同样作出等价的牺牲者也称为兑。如主动让己方有保护的棋子走至和对方同类棋子相对峙(互相可吃对方)的位置,则称为“邀兑”。

34.献

为达到一定目的,主动送子给对方吃称为“献”。

35.拦

凡一方走子企图阻碍对方棋子左右移动或进退而又不具有捉的作用的着法称为“拦”。

36.跟

凡一方用棋子从一个方向牵住对方有保护的棋子,企图限制其行动自由,而又不具有捉的作用的着法称为“跟”。

37.有根子和无根子

凡有其他棋子保护的棋子称为“有根子”,无其他棋子保护的棋子称为“无根子”。

38.子力价值

各棋子本身在象棋战略战术中所具有实力地位称为“子力价值”。

39.第一反击

当一方被打时,为了解打,把直接造成打的棋子或其他棋子吃掉,使其计划落空的着法,称为“第一反击”。

40.长将

凡走子形成步步叫将而又循环形成重复局面者,称为“长将”。

41.长杀

凡走子连续要杀而又循环形成重复局面者,称为“长杀”。

42.长捉

凡连续捉子,而又循环形成重复局面者,或在没有可能捉到的情况下,无意的连续追捉,称为“长捉”。

43.长打

凡“长将”“长杀”“长捉”“一将一杀”“一将一连杀”“一将一捉”“一杀一捉”“一将一要抽吃”“一杀一要抽吃”“一捉一要抽吃”“长要抽吃”等称为“长打”。

44.长兑

凡走子形成步步邀兑的着法称为“长兑”。

45.长献

凡走子形成步步献吃的着法称为“长献”。

46.长拦

凡走子形成步步阻拦对方棋子的着法称为“长拦”。

47.长跟

凡走子形成步步牵制对方有保护的棋子的着法称为“长跟”。

48.二打一还打

凡一方走出二打的棋,另一方为了解打走出一打一闲的棋称为“二打一还打”。在这种情况下,二打方要变着。

49.多打对多打

凡一方走“二打”以上的棋时,另一方相应的棋也是二打以上者。双方均为允许着法,不变作和。

50.中宫炮

开局时首着走出炮二平五或炮八平五。因它立在九宫之中,故称为“中宫炮”。它的战略意义在于中路突破,又称为“中炮”或“当头炮”。

51.过宫炮

开局时首着走出炮二平六或炮八平四,因跨过九宫,故称为“过宫炮”。它的战略用意是集中子力于一侧,以求局部的子力优势,并控制四、六路要道,掩护马出河口。

52.敛炮

开局时首着走出炮二平三或炮八平七,使炮藏于卒底,敛而不扬,伺机进袭,故称“敛炮”。

53.过宫敛炮

开局时首着走出炮二平七或炮八平三,有过宫炮兼敛炮双重作用,故称为“过宫敛炮”。此着又名“金钩炮”。

54.仕角炮

开局首着走出炮二平四或炮八平六,置炮于仕角,故称为“仕角炮”。用意平衡两翼子力,控制四、六路,掩护马上河口。

55.叠炮

开局时如先手方架中炮,后手者首着炮 8 进 1(或炮 2 进 1)保中卒,次着炮 2 平 8(或炮 8 平 2)使双炮重叠在一起,故称为“叠炮”。用意是控制对方出直车,而己方则可抢先出直车。这是后手应局的一种方式。

56.鸳鸯炮

布局时左炮(或右炮)不动,被对方 2 路(或 8 路)直车所捉时升九路车保护(或一路车)然后右炮(或左炮)退一,准备左移(或右移)打车,这

种用炮方式称为“鸳鸯炮”。其用意在于集中子力于一翼。

57.顺手炮

简称顺炮，是开局时后手方顺着先手当头炮的同一方向还架中炮的着法称为“顺手炮”。是后手应局的一种方式，有刚柔兼备的特点。

58.逆手炮

又称“列炮”“逆炮”“列手炮”，是开局时后手方逆着先手当头炮以反方向还架中炮，故称为“逆手炮”。是后手应对中炮的一种方式。古谱以配合出动单提马的布局称大列手，出动屏风马的布局称小列手。

59.半途列炮

在布局时先以单提马形式应对方的中炮，在适当的时候，架上与对方中炮方向相反的中炮（与列手炮义同）。由于是行棋数着后才还架的列炮，故称为“半途列炮”。其用意在于与对方抢速度，各攻一翼。

60.双炮过河

在布局过程中，左右两炮均进四过河，压抑对方的车马，是较流行的后手应对方式之一。

61.龟背炮

开局时一炮立中，而以另一炮入己方九宫中心称为“龟背炮”，意在加强中路攻势，加速破坏对方的中路防守。

62.马头炮

先手方走仙人指路，后手以炮对着它，意在控制马前进，称马头炮。又因它有挺兵打相将军这着，故又称“一声雷”。是应对仙人指路的传统布局。

63.巡河炮

开局阶段，炮八进二或炮二进二，立在河口称为“巡河炮”。巡河炮有“巡河十八打”的威力，还有兑兵（卒）活马及阻挡对方棋子入侵作用。

64.屏风马

开局时走出马 2 进 3，马 8 进 7 两步棋，使两马状如屏风者称为“屏风马”。用意在捍卫中路，抵御中炮的进攻，多用于后手。也有应用于先手的，称“先手屏风马”。

65.单提马

开局时一马跳屏风马位置，一马跳边称为“单提马”，左马屯边称左单提,右马屯边称右单提,是双马配合其他子布局这一种阵势。

66.反宫马

又称“夹炮屏风马”。由一翼士角炮和屏风马组成。是一种富有反弹力的后手布局阵势。

67.过宫马

开局时首着飞中相(象),次着马跳象眼,接跳士角。因马过中宫故称之。又称“转角马”或“穿宫马”。是配合飞象而运马的一种布局阵势。

68.拐脚马

是过宫马的一种变招,即跳象眼后,不过宫,却伺机反向二路炮位跳出,配合车炮固守一翼或有机会跳河口象步再入卧槽。因马左右跳,形如拐脚,故称之。

69.盘头马

先手中炮加屏风马,伺机挺中卒后以一马跳中路。

70.三步虎

在列阵的一侧首着起马,次着平炮,第三着出直车,是先后手均可采用的布局。

71.屈头屏风马

开局过程中,屏风马的两个马前卒均未挺起,叫屈头屏风马。

72.天马行空

开局时三路(或七路)马,挺起马前兵后,不顾对方兑兵或挺卒过河,先行跳至河口,并单马(渡河)进袭对方阵地。

73.直车

一般在开局阶段红走出车九平八或车一平二,黑走出车9平8或车1平2,因接走的主要线路是直线,所以叫作“直车”。

74.横车

一般在开局阶段红走出车九进一或车一进一,黑走出车9进1或车1进1,因接走的主要线路是横线,所以叫作“横车”。

75.过河车

一般指在开局时走出的直车进六至对方兵(卒)线,作用在于进入中局前控制对方的屏风马。

76.河口车

指一般在开局时走出直车进四至河口。作用在于兑兵(卒)活马,或掩护马出击或横截对方马、炮前进。

77.肋车

一般在开局时在四或六路线上的车,叫作“肋车”,其作用主要威胁对方帅(将)的两肋。

78.贴身车

上一侧仕相后,车靠将旁(车一平四,或车九平六)开出。

79.仙人指路

开局时第一步走兵三进一或兵七进一,有开通马路的作用。属先手的多变布局之一。

80.九尾龟

开局时第一步走兵九进一,或兵一进一。是等对方走后采取相应措施的一种布局阵势,因先手攻势缓慢,现已很少有人采用。

81.两头蛇

开局过程中,一方的三、七路兵或卒相继挺起称“两头蛇”,意在控制对方的屏风马。

82.担子炮

亦称“担杆炮”,是一方的两炮隔一子互相保护,形如挑担,故称之。有横担子炮和直担子炮之分。

83.连环马

一方的两马占据着互相能够吃得到的两个据点,双马连环互保,故称之。

84.同线车

一方两车在同一直线或横线上。

85.丝线牵牛

一方的炮隔一子和另一方的马车处在同一直线上,而炮正打马,车则保马。如是,另一方的马车不能动弹,动车则吃马,动马则吃车,达到少子牵制多子,以弱制强的功效,形象称为“丝线牵牛”。

86.归心马

一方的马跳至已方九宫的中心,故称之。在开、中局时如非万不得已，或出于战术需要，一般不宜走此着，因它阻碍士的联络。

87.冷巷炮

一方的炮在棋盘上紧挨着两子之间，既不能左右移动，又不能借吃对方子而移动位置，如遇对方车来捉，似在小巷中无法逃避。

88.窝心炮

炮移至己方九宫的中心叫作“窝心炮”，也叫“花心炮”。

89.四车相见

在中残局时往往遇到的一种现象，即兑子过程中双方的两个车互相照面，形成了非兑不可的局面。

90.空头炮

一方的炮在五路线上和对方的帅（将）相向，中间无子遮隔，而帅（将）两旁有子相伴，这样的炮称空头炮，是一种凶狠的路数，如加一炮作炮架，则可“将”死对方。以车马作炮架，叫“将”则可抽吃对方棋子。

91.重炮

一方的两炮与对方将（帅）在同一直线上，中间无子阻隔而构成“将军”。如将旁两侧有子即被“将”死。

92.沉底炮

一方的炮进至对方底线。如炮和对方帅（将）之间有仕相两子相隔则可牵制仕相（象），无子相隔则有如空头炮。

93.卧槽马

一方的马跳至三、七线与对方底二线相交的两个据点“叫将”，称为“卧槽马”。一般是配合车炮要杀的着法。

94.钓鱼马

马跳至三、七线与对方底三线相交的两个据点。这是一步控制对方帅（将）活动，然后与他子配合要杀的着法。

95.二字车

一方的两个车分占两竖线，从任何一侧向对方的将（帅）连续叫将。

96.正头车

一方的车在四、五、六路线纵向“将军”对方将（帅）。

97.花心车

一方的车占据对方九宫的中心。

98.花心卒

残局时一卒(兵)占据对方九宫的中心。

99.双敬酒

又称“双杯献酒”。即对方士象在同一侧连环防御,己方双炮重叠隔一其他棋子(对方的车除外)连续两次轰取对方底象,形成闷杀,是残局杀法之一。

100.双马饮泉

一方双马向对方帅(将)发动攻击,构成杀着,是残局杀法之一。

101.二鬼拍门

一方的双卒(兵)占领对方四、六线象眼威胁一中士,然后一卒去士,对方移将后另一卒进一,构成杀着,是残局杀法之一。

102.大胆穿心

以一炮双车攻击对方士象全的杀法。

103.挂角马

一方在马跳至对方九宫的任意一角,借以控制九宫对角帅(将)的活动。

104.炮碾丹砂

利用车的将军或保护,用炮在底线反复吃子。

105.海底捞月

残局时攻方仅余车卒或车炮,但帅(将)占中线,守方则只剩单车,且帅(将)在四、六线。攻方利用炮卒沉底驱逐四、六线的守车以达到“将”死对方的目的。这是一种基本的残局杀着。

106.三仙炼丹

残局时守方仅余士象全,攻方有三卒(兵)均未至底线,且有两个以上高卒(兵),对守方构成必杀之局。

107.尼姑打伞

这是双炮对单车的一种残局名称。

108.太监追皇帝

这是中残局时常常出现的一种其他子力与卒(兵)配合,由卒(兵)直追对方帅(将)至杀毙的一种着法。

二、子力运用

底兵运用

“有车无老卒”是象棋中的通俗术语。其中，老卒(或老兵)指的就是“底线兵”，称为“底兵”。这句话说明，在车的配合下，底兵仍能保持兵所固有的进攻威力。

事实上，许多例子表明，其他兵种若能密切协同其作战，仍然可以产生很强的进攻力。此外，底兵的运用方法是多种多样的，具有研究价值。

第一局　连施杀手

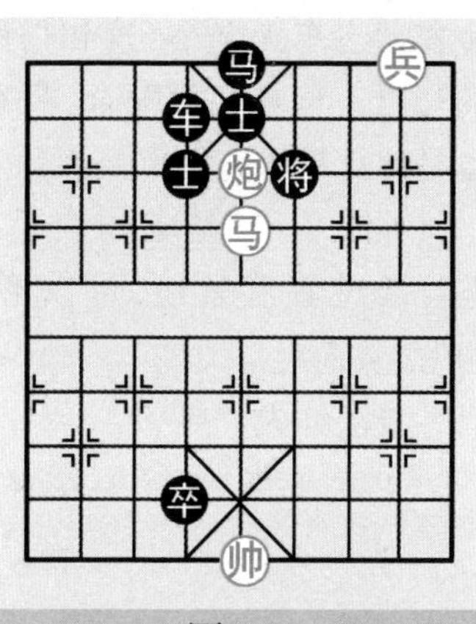

图 2-1

马炮配合使用，灵活多变，加上底兵助威，内容焕然一新，更加精彩绝妙。如图 2-1，红方马炮帅兵四子配合可以展开正侧面进攻。由于黑方车卒随时有还击，因此，红方必须借重底兵的助攻威力，连施杀手，步步催杀。

着法红先：

1.马五退三　　将 6 退 1
2.炮五平一　　马 5 进 7
3.炮一进一　　将 6 退 1
4.马三进四　　马 7 进 5
5.兵二平三　　将 6 进 1　　6.马四进二　　马 5 退 7

7.炮一平三	车4退1	8.马二退三	将6进1
9.炮三平一	车4平7	10.马三进二	车7进1
11.炮一平三	(红胜)		

虽然是简单的一步进炮将军，但是含意深刻。不但可以动摇黑马的防守，还可以使红炮控制横二线，便于借机催杀。

如改走马7进6，马三进五，将6进1，炮一平六，卒4平3，炮六平七，士5退4，炮七退一，士4退5，马五退七，将6退1，炮七退六，红胜。

妙着取胜。如错走兵二平三，将6平5，马三进四，将5平4，马四进六，将4进1，炮一平二，将4退1，炮二进一，士5退6，兵三平四，将4进1，黑胜。

第二局　海底搜山

车是象棋中最强悍的子力，缺乏一定战斗力的老兵（或卒）与其配合使用，经常获得出人意料的良好效果。民间中流传着，"有车无老卒"这句俗语，正是真切的写照。车与底兵配合，具有实用价值，也是残排局研究的重要课题。

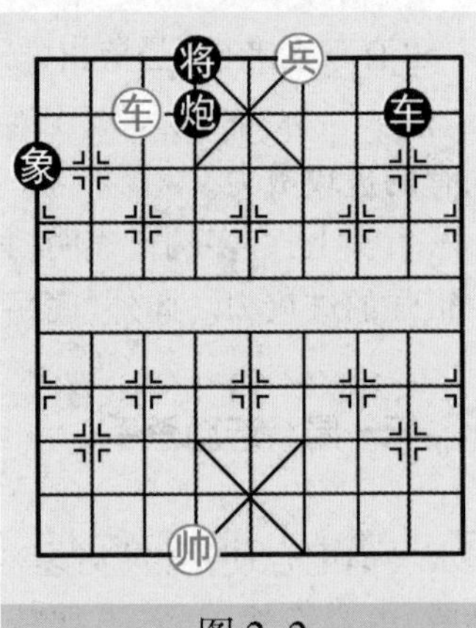

图2-2

如图2-2，是车与底兵巧妙配合局例。通过着着紧逼，可以形成"海底搜山"之势而胜。

着法红先：

1.车七平八	车8进8	2.帅六进一	车8退1
3.帅六进一	车8退1	4.帅六退一	炮4进6
5.车八平五	车8退7	6.车五退六	炮4退1
7.车五进一	炮4退1	8.车五进一	炮4退1
9.车五进一	炮4退1	10.车五进一	炮4退1
11.车五进一	将4进1	12.车五平六	将4平5
13.车六进一	将5进1	14.车六进一	将5平6

15. 车六平五　将 6 退 1　16. 帅六平五　车 8 进 2

17. 兵四平三　象 1 进 3　18. 车五平四（红胜）

断拼之中，争先为上，切忌为对方所用。如此时退帅，则失策，被黑方借机利用，抢先一步，求得和棋。即：帅六退一，炮 4 进 7，帅六平五，炮 4 平 5，车八平五，车 8 平 6，黑炮守中，和棋。

针对黑方子力凌乱，来不及防守，红方退车驱炮追杀，可以乘虚而入。

以上五着，连续紧逼，终有尽头，黑炮再难退步，若走炮 4 退 1，车五进二，杀。

至此，形成车兵对车象残棋，形成“海底捞山”之势。

这步“顿挫”很重要，逼使黑将高升之后，切断了车象的联防，赢得了时间，展开底线攻势，锐不可当。

也可改走兵四平三，同样可胜。

第三局　困毙而胜

上一局车底兵配合胜了车炮。通过联想、虚拟、试验，终于设计成功了类似的车底兵胜车马棋局。

如图 2-3，表面上虽然与上局相仿，然而在攻法上却截然不同。红方采用的是“兑换战术”，转成禁困局势而胜。

图 2-3

着法红先：

1. 兵七平六

至此，黑方有两种应法，分述如下。

第一种

1. ……　马 6 退 4　2. 车二平九　马 4 进 5

3. 车九进一　将 6 进 1　4. 车九平五　将 6 进 1

5. 帅五进一　将 6 退 1　6. 车五退二　（红胜）

黑马的位置虽佳，但黑方的 7 路象是底象，不能守和。

第二种

1. ……　车 1 平 5　2. 帅五平四　车 5 平 4

3.仕六进五	车4平5	4.仕五进六	车5平4
5.帅四进一	车4平1	6.车二退二	车1平5
7.车二平四	车5平4	8.帅四退一	车4平5
9.车四退一	车5平4	10.车四退四	车4平5
11.车四平五	车5进7	12.仕六退五	卒7进1
13.兵三进一	象9进7	14.兵三进一	象7进9
15.兵三平二	象9退7	16.兵二进一	象7进9
17.帅四进一	象9退7	18.兵二平一	象7进9
19.兵一进一	（困毙）		

红方两步运仕，用意深远，具有防守底线的作用，为尔后兑车创造条件。

红车改变了进攻方向，运用自如。

退帅，预谋深远，具有全局观点。它为己方退车，兑车做好准备。并且，估算到兑车以后，可以困死黑方。

重要的停着，以此谋取兑车的时机。

演变到此，一切都清楚了，黑车只有4、5两路防守法，所以红方六路仕，具有守护底线的作用。

现在，红方只要采用“兑车法”破坏黑方的防线，就可迎刃而解，困毙黑方。

仕与相运用

象棋角逐，经常是多兵种联合的战斗。

必须指出，在双方厮拼的过程中，每个兵种的行动，都有可能影响全局，甚至成为斗争的中心。因此，巧飞一步相，妙走一步仕，都可能决定全局。

作为一个善于驾驭全局的象棋能手，自然应该熟悉与掌握各种子力性能，既能漂亮地使用车马炮兵，又能巧妙地使用仕相。

关于仕与相的攻防与妙用，下面通过具体局例，加以分析说明。

第一局　巧妙上仕

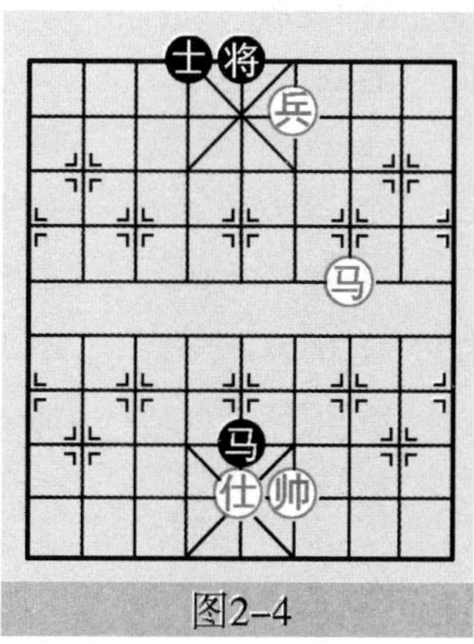

图2-4

如图 2-4,是马低兵仕对马士残局,局中,红方妙用一步上仕,使得帅马密切配合,而获巧胜。

着法红先:

1.仕五进四

这步上仕,含有明帅、阻马、紧逼等用意。一举多用,由此奠定胜局,故而称妙。如马三退五,士 4 进 5,马五进四,马 5 退 7,帅四退一,士 5 退 6,则形成复杂局势,黑方守和的机会较多。

现在,黑方有两种主要应法,分述如下。

第一种

1.……	马 5 退 4	2.马三进四	马 4 退 6
3.帅四退一	马 6 退 7	4.马四退六	马 7 进 5
5.马六进七	马 5 退 4	6.帅四进一	士 4 进 5
7.帅四平五	将 5 平 4	8.兵四平五	(红胜)

如改走马三进一,马 4 退 6,帅四退一,马 6 退 8,马一进二,马 8 进 7,马二退四,马 7 退 6,马四退六,马 6 退 4,和棋。

如改走马 6 退 5,帅四平五,士 4 进 5,马四退二,士 5 退 6,马二退四,红胜。

第二种

1.……	马 5 退 6	2.马三进一	马 6 退 8
3.帅四退一	马 8 退 6	4.马一进三	士 4 进 5
5.兵四平五	将 5 平 4	6.帅四平五	马 6 进 5
7.马三退五	马 5 退 4	8.帅五平六	(红胜)

第二局　双相助攻

如图 2-5,红方必须巧妙地运用双相,才能充分发挥车兵的进攻威力,从而获胜。

着法红先:

1.兵七进一　　将4退1

2.车七平九　　车8进9

3.相一退三　　车8平7

4.帅五进一　　卒3平4

5.帅五平六　　将4平5

6.车九进三　　士5退4

7.兵七平六　　将5平6

8.车九平六　　将6进1

图2-5

9.车六平三　　车7退1　　10.帅六退一　　车7退2

11.车三退一　　将6退1　　12.车三退一　　车7平4

13.帅六平五　　将6进1　　14.相三退五　　车6退3

15.车三退四　　车4平6　　16.车三进五　　将6退1

17.车三退一　　车6平4　　18.车三平四　　将6平5

19.车四进一　　车4平5　　20.帅五平四　　士4退5

21.兵六平五　　车5退2　　22.车四进一　　(红胜)

这步进兵,配合下一步平边车要杀是最紧凑的攻法。如改走车七平九,则车8平3,车九进二,将4退1,兵七进一,车3平2,帅五进一,卒3平4,帅五平六,将4平5,帅六平五,将5平6,和定。

弃相,引离黑车,为继续进攻创造有利条件。如改走帅五进一,卒3平4,帅五平六,将4平5,车九进三,士5退4,兵七平六,将5平6(如士4退5,则帅六平五,红胜),车九平六,将6进1,车六平一,车8退7,车一退一,将6退1,车一退二,车8平6,和定。

这一着防守,比较有韧性,如改走士4退5,帅六平五,将5平6,兵六平五,车7平4,兵五进一,将6进1,车九退一,将6进1,车九退二,车4平6,车九平五,将6退1,兵五平六,红胜。

既保红相,又有捉士进攻的凶着。抢占横三线,是红方取胜的重要手段。如改走兵六平七,士4退5,车六平三(若改走车六退五车7平6,兵七平六车6退7,和棋已定),车7平5,可以守和。

红相守中，可以削弱黑车的灵活性，是辅助进攻的上策着法。

第三局　相据要位

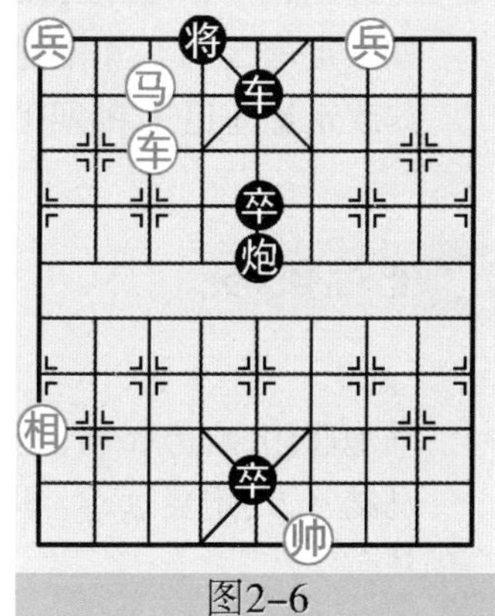
图2-6

如图 2-6，红方车马与底兵配合默契，可以做成禁困黑方的形势。此后，红相发挥了很大作用，用它帮助控制一个主要的"点"，以便保证红帅的运动与参战。否则，局势复杂，取胜不易。

着法红先：

1. 马七进五　炮 5 进 2
2. 兵九平八　将 4 进 1
3. 兵三平四　后卒进 1
4. 车七进一　将 4 进 1
5. 车七退四　炮 5 进 1
6. 相九退七　炮 5 退 1
7. 车七进三　将 4 退 1
8. 车七进一　将 4 进 1
9. 车七退四　前卒平 4
10. 帅四进一　炮 5 进 3
11. 帅四进一　炮 5 退 1
12. 帅四平五　卒 5 进 1
13. 车七进三　将 4 退 1
14. 车七进一　将 4 进 1
15. 车七平五　卒 5 进 1
16. 车五退五　将 4 退 1
17. 车五平六　（红胜）

如改走：甲、车 5 平 6，马五退四，红胜；乙、车 5 进 1，车七进二，将 4 进 1，车七退一，将 4 退 1，兵九平八，炮 5 平 3，车七退三，车 5 平 9，兵八平七，将 4 平 5，兵三平四，将 5 进 1，车七进三，将 5 进 1，车七退一，抽车胜。

如果让黑方渡卒，会产生许多复杂变化，仅举一例如下：车七退二，后卒进 1，相九进七，前卒平 4，相七退五，卒 4 平 5，相五进三，前卒平 4，帅四平五，炮 5 进 2，相三退五，卒 5 平 4（如错走卒 5 进 1，相五进三，红胜），红方虽有胜势，想赢棋却要费事。

退相，控制了中路相位，限制了黑炮在中路的活动范围，是取胜的关键着法之一。

红方7、8、9三着，属于“顿挫停着”，以继续围困黑方。此时，黑炮已无法前进，黑卒只好让位，红方便可以升帅助攻了。

如改走炮5退1，车七进一，红方可以速胜。

如改走炮5退3，帅四平五，炮5退1，车七进一，红胜。

借炮使马

马炮联用，攻势犀利，是子力协调配合的典范。

马踏八方，炮轰远子，马炮配合使用，是最锋利的攻击，表现出线面结合的特色。

马借炮势，炮助马威。“借炮使马”这一古今名题，变化万千，精妙异常，一直为爱好者所重视。

第一局　从容获胜

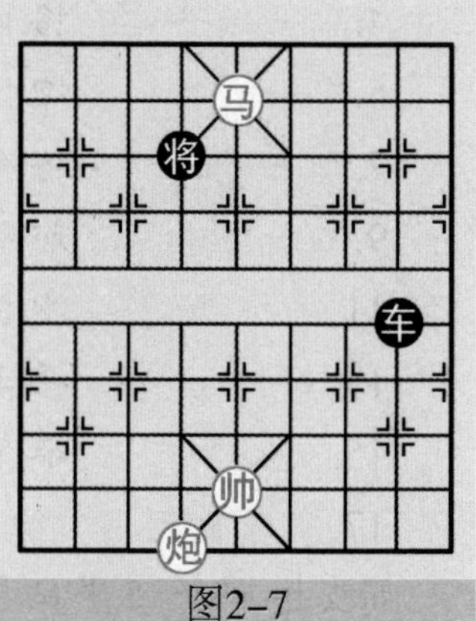

图2-7

如图2-7，是非常典型的“借炮使马”局，红马借炮势从容运转而胜。

着法红先：

1. 马五进七　将4退1
2. 马七退八　将4退1
3. 马八退七　车8进3
4. 帅五退一　将4进1
5. 马七进八　将4退1
6. 马八进七　将4进1
7. 马七退五　将4退1　8. 马五退七　将4进1
9. 马七退八　将4退1　10. 马八退七　车8退2
11. 马七退六　（红胜）

如改走马五退四，将4退1，红马虽然抢先控制了中路，但没有要杀的威胁，以后无法进取。

黑车被迫变成了低车，红方胜局已定。

从这着起，红方采用了正确的运马方法，顺利取胜。

红马周而复始，通过“正中花”运转，体现了本局借炮使马的主题。

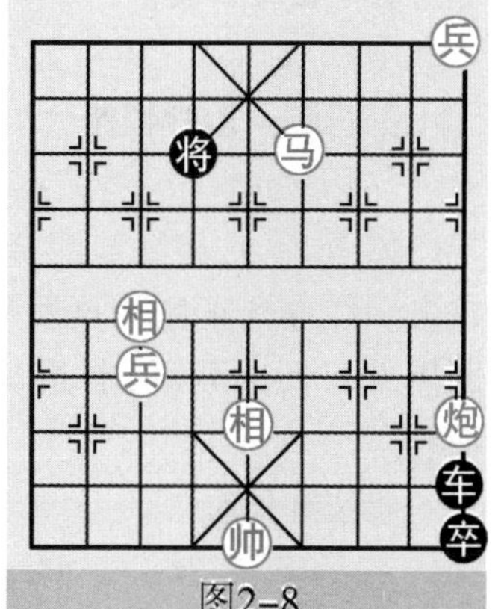

图2-8

第二局　三面攻击

如图2-8，红方运用“三面攻击”的手段，组织全面进攻，充分发挥了各子的力量，展示了一幅“马炮灵活运转”的图画。

着法红先：

1.相五进三　卒9平8

2.马四退五　将4退1

3.马五进七　将4退1

4.马七进八　将4进1

5.炮一平九　车9平1

6.相三退一　卒8平9

7.兵一平二　卒9平8　　8.兵二平三　卒8平9

9.兵三平四　卒9平8　　10.兵四平五　卒8平9

11.马八退七　将4进1　　12.马七退五　将4退1

13.马五退六　车1平4　　14.马六进七　车4平2

15.马七进五　将4进1　　16.马五进四　将4退1

17.炮九平三　车2平7　　18.马四退五　将4进1

19.马五退七　将4退1　　20.马七进八　将4进1

21.炮三平九　车7平1　　22.炮九进三　卒9平8

23.马八退七　将4退1　　24.马七进五　将4进1

25.马五进四　将4退1　　26.炮九平一　车2平8

27.炮一进三　车8退7　　28.马四退五　将4进1

29.马五退七　（红胜）

飞相明帅是正着，但要仔细，如错走相五退三，车9平7，红方自找麻

烦,不易取胜。

凭借正面威胁,红马顺势改变在左翼的位置,且有深远的用意。

黑方企图用车来控制红马的前进,但该车马上被迫给调离了,红马仍然进驻了最佳位置。

第三局　巧妙顿挫

如图 2-9,是马炮配合对双马双士的攻击。红方从正侧两翼发动攻势,设法切断黑方双马的联系,制造禁困局势,得马而胜。

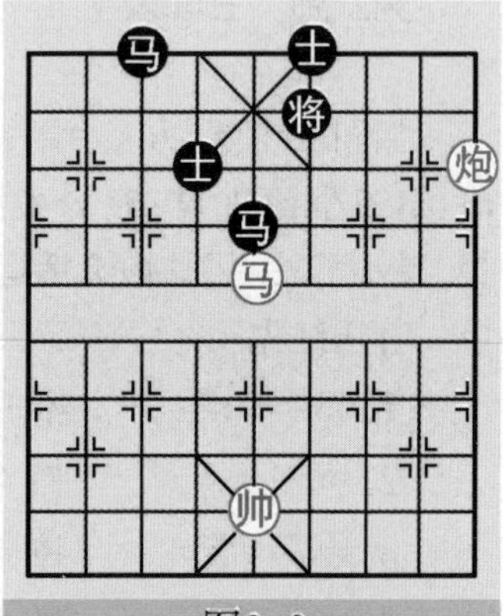

图2-9

着法红先:

1.马五进三　　将 6 进 1
2.炮一退一　　马 5 退 7
3.炮一进一　　将 6 退 1
4.炮一退七　　马 3 进 5
5.炮一平三　　将 6 进 1
6.炮三平四　　马 5 进 4
7.马三退二　　将 6 退 1
8.马二进四　　马 4 退 6
9.马四进三　　(红胜)

红方 2、3 两着,采用顿挫技巧,可以使胜法简洁。如改走炮一退六,马 7 进 9,马三退四,马 9 进 7,形成复杂局势,红方不易取胜。

如改走马 7 退 9,炮一退七,马 9 进 7,炮一平四,红胜。

车炮联用

车与炮都是灵活而又富有攻击力的棋子,配合使用,威力倍增,气势磅礴。同时,车炮联用也是子力协调配合的典型。车与炮驰骋于纵横线上，其变化之精彩，不亚于车马。

古谱中，有关车炮的棋局虽然较多，但却没有独立命名。近代的残排局研究者对其较为重视。

第一局　巧用规则

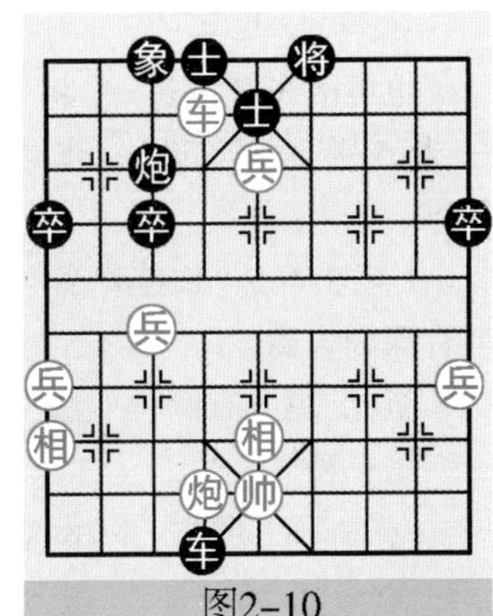

图2-10

如图 2-10，是北京市举办的老干部杯赛中的一则实战残局，其中对手之一是我国 20 世纪 50 年代著名的乒乓球选手王传耀。这盘棋红方利用棋规攻法，巧妙取胜。

着法红先：

1.车六平七　炮 3 平 2
2.车七进一　炮 2 进 6
3.炮六进六　炮 2 退 6
4.炮六退六　炮 2 进 6
5.炮六进六　士 5 进 4　6.车七平六　将 6 进 1
7.车六退一　将 6 退 1　8.兵五进一　士 4 退 5
9.车六退八　（红胜）

直接攻击，算度深远。

用兵保炮，构思巧妙，攻守兼备，进击有力。

黑炮将军、捉兵两着循环走子，违犯棋规。因此变着，走了这步吃炮。如改走车 4 退 3，炮六平九，车 4 平 5，炮九进二，将 6 进 1，炮九退一，炮 2 退 7（若改走将 6 退 1，兵五进一，车 5 退 5，车七平六，车 5 退 1，炮九进一，红胜），车七退一，车 5 平 2，车七退二，将 6 退 1，车七平一，将 6 平 5，炮九进一，炮 2 退 1，车一进二，士 5 退 6，车一平六，绝杀。

第二局　豪夺强取

如图 2-11，黑车被禁困，但黑卒仍能活动。红方通过正侧两翼威胁，豪夺强取制胜。

着法红先：

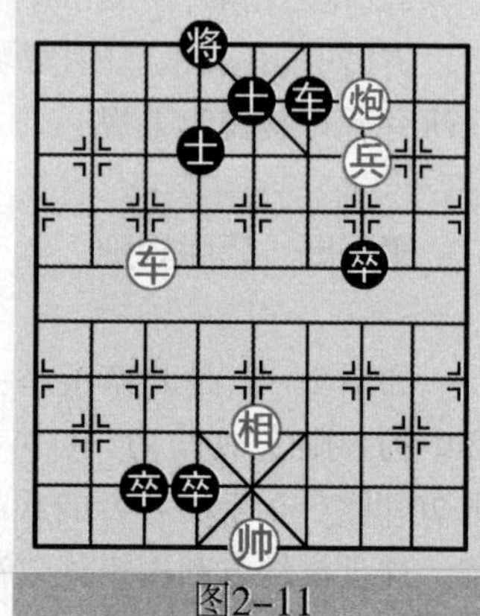

图2-11

1. 车七进四　将4进1
2. 车七退一　将4退1
3. 车七退三

也可改走车七进一，将4平5，相五退三，将5平4，相三进一，获得与主变相同的局势。

1至3着是“顿挫停着”，让对方动子，且有深刻含意。

至此，黑方有两种应法，分述如下。

第一种

3.……　卒3平2　4. 车七进四　将4进1
5. 车七平三　卒2平3　6. 兵三平四　卒3进1
7. 帅五平四　车6平7　8. 车三退一　（红胜）

第二种

3.……　将4平5　4. 相五退三　将5平4
5. 相三进一　卒3平2　6. 炮三退三　车6进2
7. 炮三平六　车6平4　8. 兵三进一　卒2平3
9. 兵三平四　士5进6　10. 兵四进一　士6退5
11. 兵四平五　将4平5　12. 车七进四　（红胜）

红方转入正面进攻，便于发挥红兵的推进作用。如改走车七进四，将4进1，车七平三，卒2平3，兵三平四，卒3进1，兵四进一，卒3平4，帅五平四，后卒平5，炮三平五，士4退5，黑胜。

黑车仍未解放，从侧翼禁困，转变成正面拴链。此时红兵可以参战了。

第三局　大胆弃车

如图2-12，是从实战改编而来的杀局。红方大胆弃车之后，车炮兵巧妙做杀，红炮的运用游刃有余，精彩绝伦。

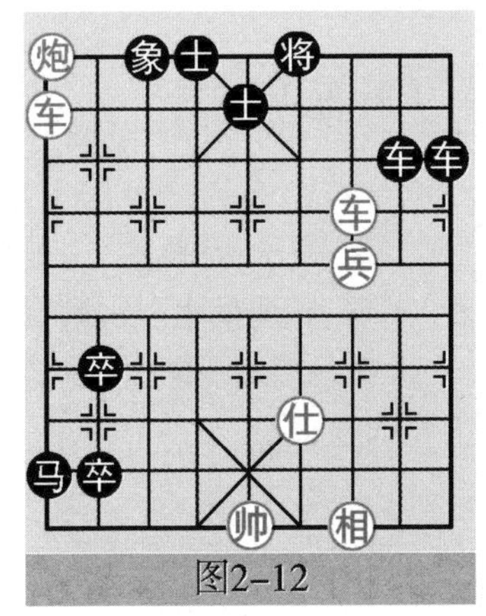

图2-12

着法红先：

1.车三进三	将6进1
2.车九平五	士4进5
3.车三退一	将6进1
4.兵三进一	车9进1
5.炮九退一	士5进4
6.炮九退四	象3进5
7.炮九平五	

弃车入局，制造杀型。如改走车三退一，将6退1，车九平五，黑方中路兑车，多卒占优。

这是“顿挫”方法的妙用，用以破坏黑方正面防守，赢得正面进攻的时间。

至此，黑方有两种应法，分述如下。

第一种

7.……	后卒平3	8.炮五退三	车9平7
9.车三退二	将6退1	10.车三平四	车8平6
11.车四进一	将6进1	12.炮五平四	（红胜）

第二种

7.……	士4退5	8.炮五退三	车9平7
9.车三退二	将6退1	10.车三进二	将6退1
11.车三平五	车8进6	12.炮五平三	车8平7
13.车五退一	将6进1	14.车五进一	将6退1
15.车五退二	车7进1	16.帅五进一	车7退8
17.车五进三	将6进1	18.车五退一	将6退1
19.车五平三	前卒平3	20.车三退五	（红胜）

平炮，暗伏杀机。如改走车五退一，车8平6，黑方尚可周旋。

车马冷着

车是强子，马镇八方，车马配合使用，攻杀相当锋利。并且，常有“冷着”出现，妙趣横生。古谱《橘中秘》中，命其名为“车马冷着”，今沿用之。

“车马冷着”是子力配合协调的一种典型，也是残排局研究中的一个重要课题。

第一局　一气呵成

图2-13

如图2-13，红方车马抢先进攻，把黑方的高车逼成“低头车”，然后，连续要杀，一气呵成。

着法红先：

1.马九退七　将5进1
2.车九平二　将5平4
3.车二平六　将4平5
4.马七退六　将5退1
5.车六平九　卒5进1
6.帅六进一　车5进2
7.帅六进一　士6进5
8.车九进五　士5退4
9.马六进七　将5进1
10.车九平六　将5平6
11.车六退六　车5退5
12.车六平四　将6平5
13.车四平二　将5平6
14.车二进五　将6退1
15.车二退三　将6进1
16.车二平四　将6平5
17.车四平六　将5平6
18.马七退六　将6退1
19.车六平四　将6平5
20.车四平五　（红胜）

如改走将5平6，车二进四，将6进1，车二退二，将6退1，马七退六，士6进5，车二平四，士5进6，车四进一，杀。

被逼，只好进卒再进车。如改走将5平4，马六进四，绝杀无解。

黑方的低车遭受威胁，只好忍痛丢马。

无可奈何！如改走甲：车5退3，车六平四，将6平5，马七退六，将5平4，车四平六，绝杀，红胜；乙：车5平6，马七退五，将6平5，马五进三，将5平6，马三退一，车6平7，马一进二，车7退8，车六平四，将6平5，车四平五，将5平6，帅六平五，红胜；丙：卒8平7，车六平四，将6平5，马七退六，将5退1，马六进四，将5平6，马四进三，将6平5，车四平六，将5平6，车六进六，将6进1，车六退四，将6退1，车六平四，将6平5，车四平五，车5退4，马三退四，将5平6，马四退五，红胜。

如改走车5平6，马七退五，将6平5，马五进三，车6退2，车四平七，红胜。

第二局　攻击有招

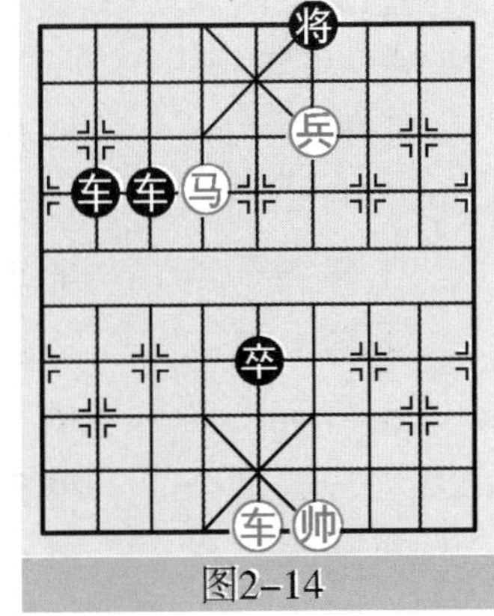
图2-14

如图2-14，是车马兵联合进攻。红方首先采用“顿挫”手法，破坏黑方双车的联系，然后再做杀取胜。

着法红先：

1. 车五平九　　车2平1
2. 车九平八　　车1退3
3. 兵四进一　　将4平5

如改走甲：车1平2，车八进六，车3平2，兵四进一，将6平5，马六进七，将5平4，马七退八，红胜；乙：车3退3，兵四进一，将6平5，马六进七，将5平4，车八平六，红胜。

至此，红方有两种攻法，各具巧妙，分述如下。

第一种

4. 兵四进一	将5平4	5. 马六进四	车3平6
6. 帅四平五	车6平5	7. 兵四平五	车5退3
8. 车八平六	卒5平4	9. 马四进五	车1进6
10. 马五退四	（红胜）		

第二种

4.兵四平五	将5平4	5.车八平六	卒5平4
6.马六进四	车3平6	7.帅四平五	车6平5
8.帅五平四	（红胜）		

第三局　奋起反击

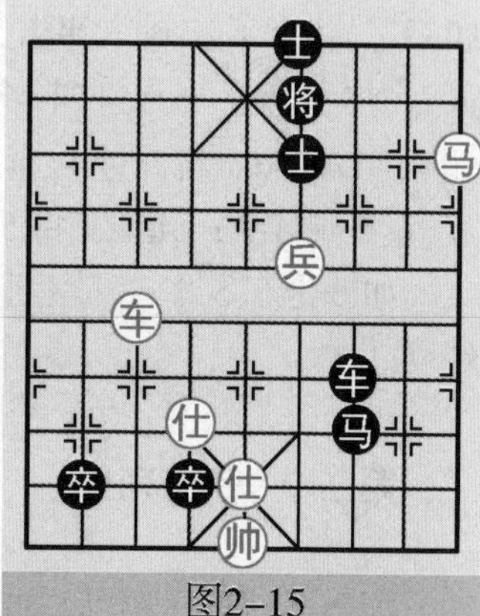

图2-15

如图2-15，是参照辽宁赵庆阁对黑龙江孙志伟的实战对局改编而成。

黑方兵临城下，虎视眈眈势要搏杀。红方持先行之利，抢占要津，步步紧逼，节节推进，杀法凶狠。

着法红先：

1.兵四进一	将6平5		
2.马一进三	将5平4		
3.兵四平五	车7平4		
4.车七进四	将4退1		
5.马三退五	将4平5	6.车七进一	将5进1
7.马五退七	将5平6	8.马七退五	车4退2
9.马五进三	将6平5	10.兵五进一	将5平4
11.车七退一	将4退1	12.马三进四	士6进5
13.兵五进一	士6退5	14.车七进一	将4进1
15.马四退五	将4进1	16.车七退二	（红胜）

这一步进兵，暗中要杀，向对方九宫迅速迫近，构成了车马兵的联合作战。如改走车七进四，士6进5，车七退二（倘若车七进一，士5进4，红方无法进取），士5退4，局势复杂，黑方可以组织反击。

如改走甲：车7退4，马一进二，车7退2，车七平三，则红胜；乙：车7退6，车七进四，士6进5，马一退三，车7进2，兵四进一，将6进1，车七退一，亦红胜。

黑车被逼到一个最不利的位置，在以后的变化中，将遭到红马的攻击。如改走士6进5,车七平六,士5进4,兵五进一,士6退5,马三退四,将4退1,兵五进一,红胜。

红方连续退马,暗中要杀。此时,如改走车4平5,兵五进一,将5平6,兵五平四,将6平5,兵四平五,将5平6,车七退一,士6进5,车七平五,将6退1,马七进六,红胜。

红马再度经过中路返转,借威胁黑车之便,同时进行要杀,使黑方很难应付。

如改走车3平7,则车七退一,士6退5,兵五平四,车7退4,马五进三,车7进1,兵四平三,红胜。

形成与车马相配合的"大胆兵",迅速成杀。

三、象棋基本战术

谋子战术

子力是进行棋战的物质力量，如果能获得对方的强子，使双方力量对比有利于自己，就为取得优势或胜局奠定了基础。谋子就是谋取对方子力的战术手段，有围困得子、抽将得子、捉双得子、借势得子等。在谋子时要注意与形势的关系，如果因得子而陷入被动甚至劣势，那就得不偿失了。

第一局　先弃后取

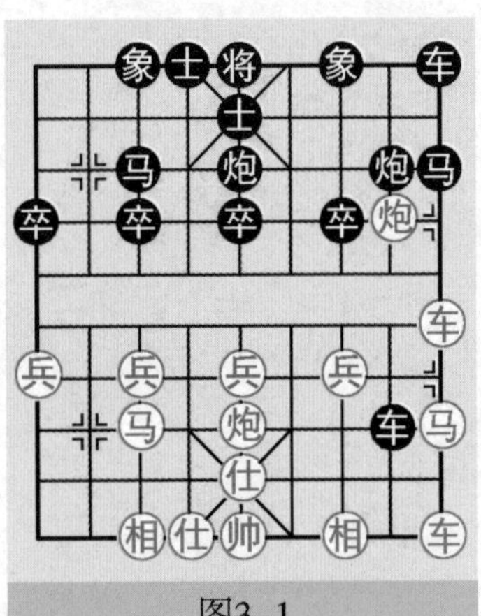
图3-1

如图3-1，黑车正捉炮，红如炮二平五打卒，则马3进5，炮五进四，车8平3，黑得子优。实际上，红已暗伏妙手，不但不会失子，而且能谋车。

着法红先：

1. 马一进二　　车8退2

红炮打车，黑车无别路选择，只能吃马。

2. 炮二平一

如按常规走前车平二兑车，则白丢马，现在平边炮，妙手出人意料。

2. ……　　车8平9

3. 炮一进三　　士5退6

4.车一进四　　（红弃马得车）

图3-2

第二局　困低头车

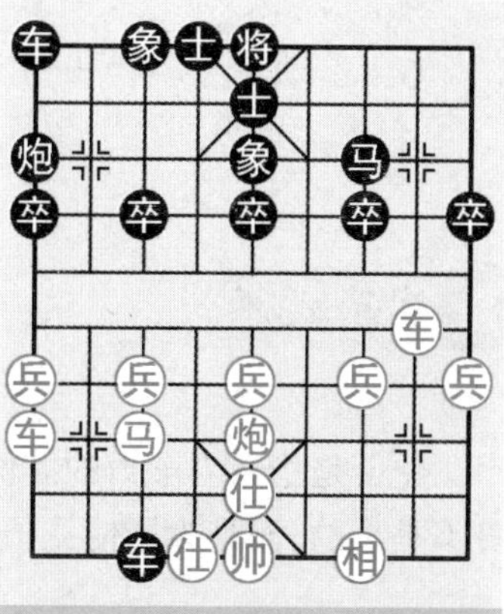

如图3-2,黑车贪吃红相而陷入底线不利位置,称为低头车,红抓住时机设法困捉。

着法红先:

1.炮五平四　　炮1平4

如改走车3退1,炮四退一,车3进1,炮四平二,炮1平3,相三进五,炮3进4,帅五平四,捉死黑车。

2.车二平六　　车3退1

3.炮四退一　　车3进1

4.炮四平一　　炮4平3

5.车六退一　　卒3进1

6.相三进五(捉死黑车)

第三局　抽将吃车

如图3-3,看似平淡,实际上黑左翼空虚,红暗伏抽将手段。

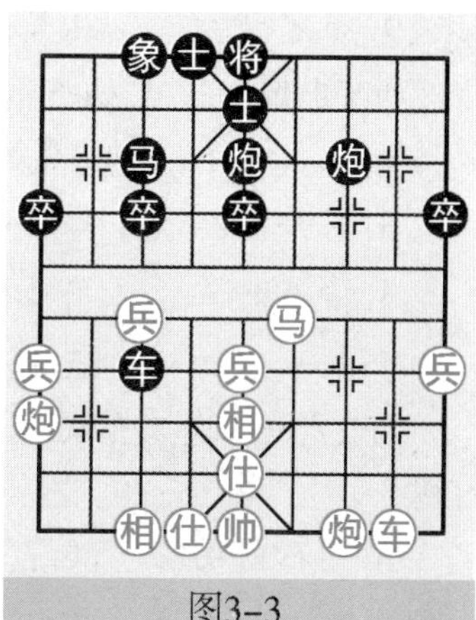

图3-3

着法红先:

1.马四进六　　车3平4

如改走车3平2、车3进1或车3进2等,红亦照样抽车,着法相同。

2.马六进七　　炮7平3

红通过兑马,调离黑炮,为右翼车炮施展创造了条件。

3.车二进九　　士5退6

4.炮三进九　　士6进5

5.炮三退六　　士5退6

6.炮三平六　　（红优）

兑子战术

兑子是指双方子力的等价交换，既然双方实力都不吃亏，所以兑子本身不是目的，而是为了使兑子后棋局形势发生有利于自己的变化。

第一局　双炮兑车

如图3-4，红左马被黑车压住动弹不得，右车又被黑炮拦住难以施展，为了扭转这一局面，红决定采用双炮兑车变为优势。

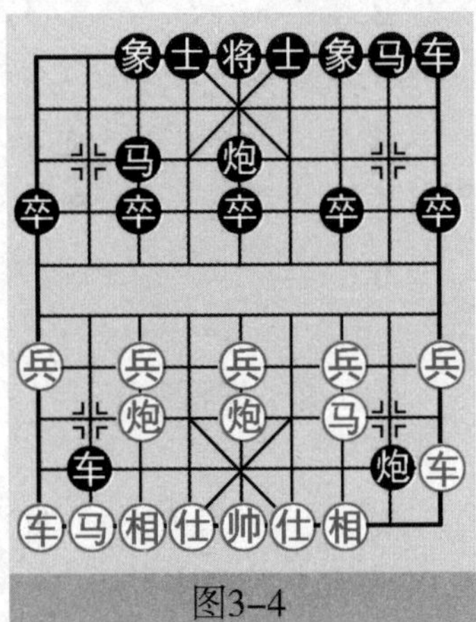
图3-4

着法红先：

1.炮五退一　　炮8退4

如改走炮8退2，炮五进五，马3进5，车一平八，马5进4，炮七平五，红得子。

2.炮五进五　　马3进5

如改走炮5进4，炮五退二，车2平9，马三退一，红有空头炮，黑难走。

3.车一平八　　马5进4

4.相七进五　　马4进3

5.车八进四　　炮8平7

如改走马3进2，车八平二，马2退4，车九进一，马4退3，车二进三，红优。

6.马八进七　　炮7进3　　7.马七退五　　炮7进1

8.车八平二　　炮7平6

防红车二退四捉死炮。

9.车二进三　　炮5进5　　10.马五退七

红续走车九进一或车九进二捉炮，黑难应付。从子力上看，黑兑子并不亏，但形势发生很大变化，红优。

第二局　兑子取势

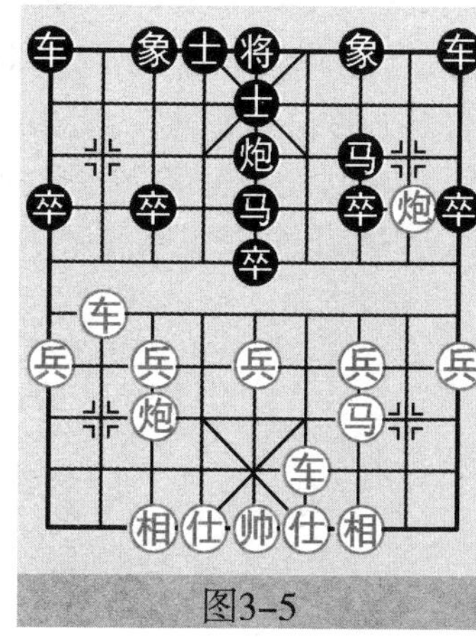
图3-5

如图3-5，黑方中炮连环马有一定攻势，但红方可通过兑子破其连环马而占优。

着法红先：

1.炮二平五　　马7进5

2.车四进五　　马5退3

3.车四平七

兑子后，形势发生明显变化，红平车追击黑弱马，已呈优势。

3.……　　士5进4

4.炮七平五　　士4进5

5.炮五进三　　将5平4

如改走车1进2，车八进五，马3退4，车八平七，亦红优。

6.相七进五　　车9平8　　7.炮五平七　　车1进2

8.车八进五

妙手，黑不敢马3退2吃车，因红车七进三，将4进1，炮七平六，杀。

8.……　　将4平5　　9.炮七进二　　车1平3

10.车七进一　　炮5平3　　11.车八平七　　士5退4

12.车七退二

红兑子取得优势，再借势得子。

第三局　兑子攻杀

如图 3-6，红方虽占优，但如无突破性手段，暂难以入局。例如红走马四进二，车 2 进 4，车四平三，马 7 退 8，车三平四，炮 1 平 5，兵五进一，车 2 平 5，车九平四，炮 6 退 1，红未能成杀。在目前形势下，红应采取兑子攻杀战术。

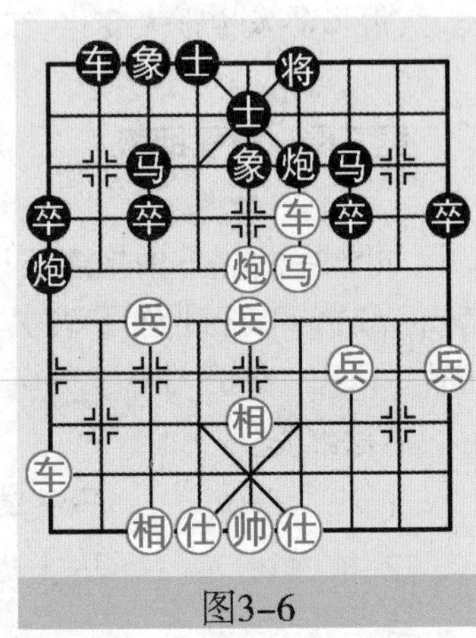

图3-6

着法红先：

1.车四进一　　士 5 进 6

2.马四进三　　将 6 进 1

3.车九平二

红妙手弃车兑马炮，取得钓鱼马之势，现左车移右，伏进车杀。

3.……　　士 6 退 5

4.车二进七　　将 6 进 1

5.炮五平二　　象 5 进 7

6.炮二进二　　（红胜）

弃子战术

弃子就是主动放弃子力以换取形势上的优越，即以局部牺牲取得全局的胜利。在棋战中弃子取势、弃子入局都是常用的战术，而且都十分精彩，引人入胜，尤其是弃车杀法，因为牺牲较大，扣人心弦。

第一局　铁门栓杀

如图 3-7，红左车马已控制黑将的咽喉，但如没有其他子力支援，则难成势,为了造成杀局,必要时还需弃子。

着法红先:

1.炮四平三　　象7进9

如改走马7进6,炮五进四,马1退3,帅五平六,炮3平4,车六退一,马6退4,炮三平六,马4进2,车二平六,马2退4,后车进二,马3进4,车六进二,杀。

2.车二进四　　车6平8

红妙手弃车,黑只能吃,如改走车6进2,车六进一,士5退4,马八退六,杀。

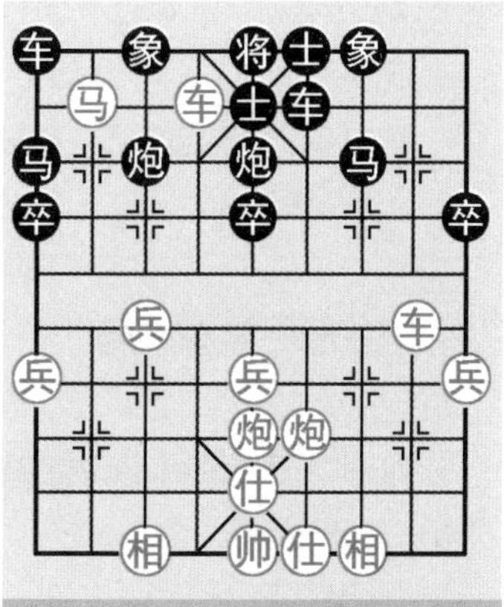

图3-7

3.炮五进四　　马1退3

如改走马7进5,炮三进七,杀。

4.帅五平六　　炮3平4

5.车六退一　　马3进4

6.车六进二　　(红胜)

最后形势,红用炮镇中线,沉车直插肋线将门造杀,称为铁门栓杀。

第二局　挂角马杀

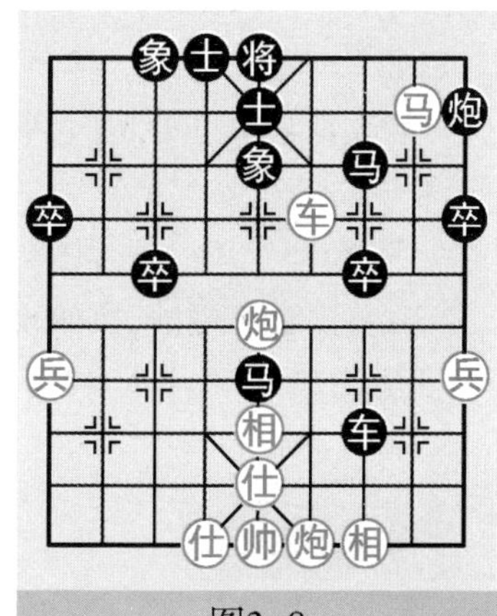

图3-8

如图3-8,红可走车四平三,卒7进1,车三进一,卒7平6,红可得子但取胜慢。现有弃车速胜妙法。

着法红先:

1.车四进三

弃车妙手,迫使黑马吃车而堵塞黑将通路。

1.……　　马7退6

2.马二退四　　炮9平6

3.马四退五

正着,如改走炮四进八,马6进8,炮四平三,将5平6,炮五平四,马5

退6,炮三退六,马8进6,炮三平四,红虽得子,但取胜很费劲。

3.……　　马6进8

黑中象通路被堵塞,无法飞象解杀,如改士5进6,马五进六,杀。

4.马五进六　　(红胜)

第三局　弃车入局

如图3-9,红已占优,但欲速胜还需弃子。

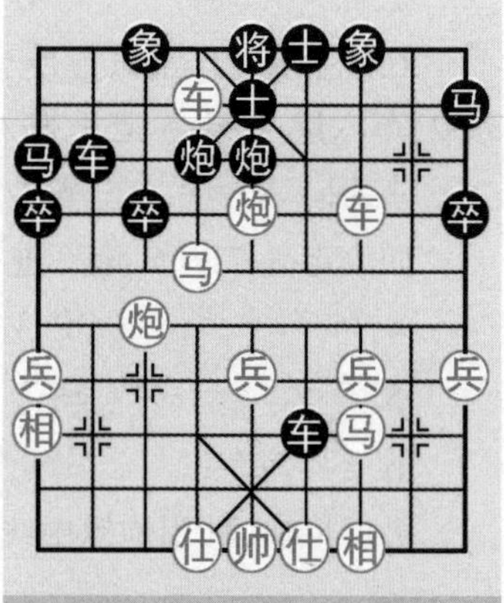

着法红先:

1.车三进三　　马9退7

红弃车吃象出人意外,由此入局。黑如不吃车,另有两种变化。甲:炮4进7,马六进七,车2平3,帅五平六,车6退5,车六进一,杀;乙:车6退5,车六平五,将5平4,马六进五,象3进5,炮七平六,炮4平3,炮五平六,杀。

图3-9

2.马六进五　　车6退5

如改走马7进6,炮七平二,炮4进2,炮二进五,马6退7,马五进三,杀。

3.炮七平六　　炮4进7　　4.车六进一　　将5平4

红再次弃车更妙,黑如改走炮4退9,马五进七,杀。

5.炮五平六　　将4平5　　6.马五进七　　(红胜)

牵制战术

牵制,是使对方子力不能自由行动,或不敢随便行动,然后进一步捉吃对方被牵制的棋子,或乘机扩大优势。

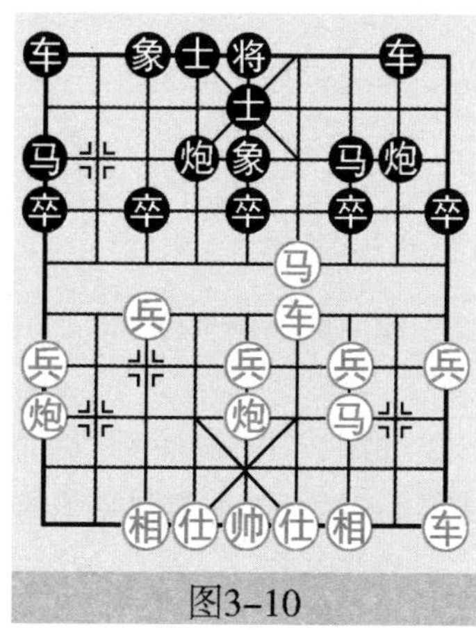
图3-10

第一局 牵制车炮

如图3-10，红考虑主动兑马之后，黑出现无根车炮的弱点，红可乘机牵制之。

着法红先：

1. 马四进三　　炮4平7
2. 车四平二

用巡河车牵制黑车炮是对的，如改走车一平二，炮8进4，兵三进一，车8进4，车四退一，炮7平8，红未能得子。

2. ……　　炮7退2
3. 车一平二

在牵制黑车炮的情况下，又主动兑车消除牵制，暗伏一个谋子计划。

3. ……　　炮8进7
4. 车二进五　　炮8平9
5. 车二退九　　炮7进6
6. 车二平一　　（红多子优）

第二局 牵制车马

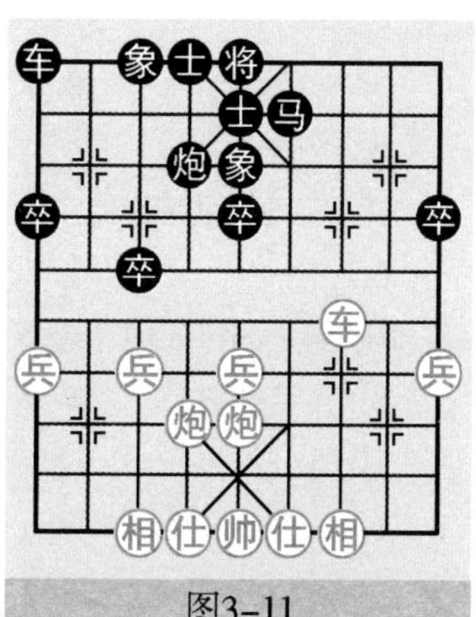
图3-11

如图3-11，双方子力相等，但黑车未出，拐脚马位置欠佳，成为阵形薄弱环节，红借势攻马占优。

着法红先：

1. 车三进五　　士5退6
2. 车三退一　　车1进1

先叫将后捉马，是清除黑退炮保马的手段，逼黑升车护马，从而实现牵制车马的计划。

3.炮五进四　　象5进7

如改走马6进5，车三平九吃车。

4.炮六进三　　将5进1　　5.炮六平五　　将5平4

6.车三平四　　士4进5　　（红多子优）

第三局　丝线牵牛

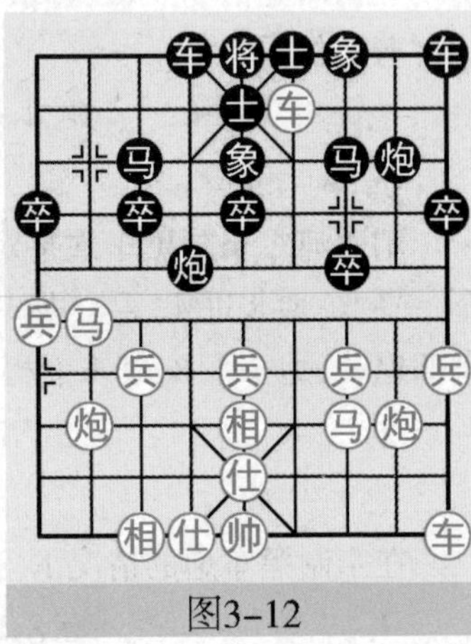
图3-12

如图3-12，局面看似平淡，但细心观察，可知红有一个牵制黑子的机会。

着法红先：

1.马八进六　　车4进4

2.车四平三　　马7进6

3.炮二进三

用炮牵制车马，俗称丝线牵牛。

3.……　　炮8平6

防红车一平四捉死马，又为亮左车开路。

4.兵三进一　　车9平8

如改走象7进9，兵三进一，象9进7，车三平二，车9平7，马三进二，捉死马。

5.兵三进一　　象5进7

6.车一平二

如急走车三退三，象7进5，车三退一，车8进4，红反而丢子。

6.……　　象7进5　　7.车三退二　　炮6平7

诱红车三平四，炮7进5，炮八平三，马6进5，黑马脱身。

8.炮二平四　　车8进9　　9.马三退二　　车4平6

10.车三进一　　（红多子优）

封锁战术

封锁是压缩对方某些子力活动的空间,使之难以充分发挥作用,然后进一步扩大优势,通常用车炮的力量,封锁对方车的出路,或者利用车的力量,封锁对方将门,这样会得到较好的形势。

第一局　封锁将门

如图 3-13,左肋车封住黑方将门,利用这一优势,可不顾右马被捉,而弃马造杀。

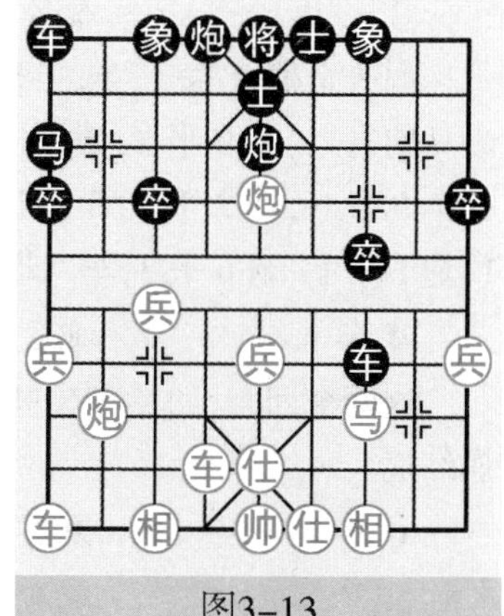

图3-13

着法红先:

1.车六进七

封压黑炮,准备弃马。

1.……　　　　车 7 进 1

另有两种变化亦红优胜。甲:车 1 平 2,相七进五,马 1 退 3,炮八进六,马 3 进 4,车六退二,车 2 进 1,车九平六,炮 4 进 1,前车进二,车 2 平 4,车六进八,车 7 平 6,帅五平六,车 6 退 3,车六进一,杀;乙:马 1 退 2,炮八进六,车 7 平 6,兵五进一,车 1 进 1,相七进五,车 6 退 3,兵五进一,卒 9 进 1,车九平七,象 7 进 9,兵七进一,卒 3 进 1,车七进五,再吃底象胜定。

2.相七进五　　车 7 退 1

3.车九平六　　炮 4 进 9

4.帅五平六　　车 7 平 5

5.车六进一　　(红胜)

第二局　封锁车路

如图 3-14,红左翼子力尚未展开,但右翼子力十分强劲,可对黑方构

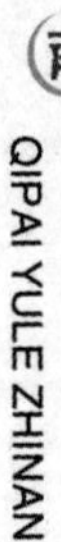

成封锁性攻势。

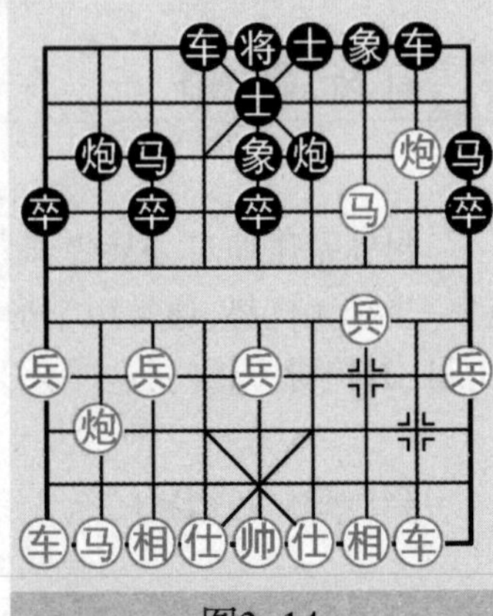

图3-14

着法红先：

1.马三进四　　车8平9

2.炮八平三

红马塞象眼，炮瞄底象，是一种典型攻法，至此把黑左车封锁住。

2.……　　车4进6

3.马八进七　　车4平3

如改走炮2退1，炮二平五，将5平4，马四退二，车9平8，炮三进七，将4进1，车九平八，炮2平1，车八进八，将4进1，炮五平七，炮6平3，车八退一，红得子大优。

4.车九平八　　炮2平1　　5.车八进七　　马3退4

这两个回合，如黑车3进1吃马，红相三进五打车后必吃回一子，亦属红优。

6.车八进二　　象5进3　　7.炮二平九　　象3退1

8.马四退二　　车9平8　　9.炮三进七　　车8平7

10.马二进三　　车3进1　　11.马三退四　　士5进6

12.车二进七

捉死黑边马，红进入优胜局面。

第三局　封锁九宫

如图3-15，红左车深入九宫，只要再伸右车塞象眼，即成二鬼拍门之势，封锁九宫要地，再有左马配合造杀。

着法红先：

1.车四进七

凶着，暗伏车六进一，士5退4，马八退六，形成挂角马的杀局。

1.……　　车1进1

另有两种变化。甲：炮5进4，炮五平六，车1进1，车六进一，士5退

4,马八退六,车1平4,车四平六,士6进5,车六进一,杀;乙:炮5平3,炮八平七,车1进1,炮七进五,马7进6,炮五进四,马6退5,车六进一,杀。

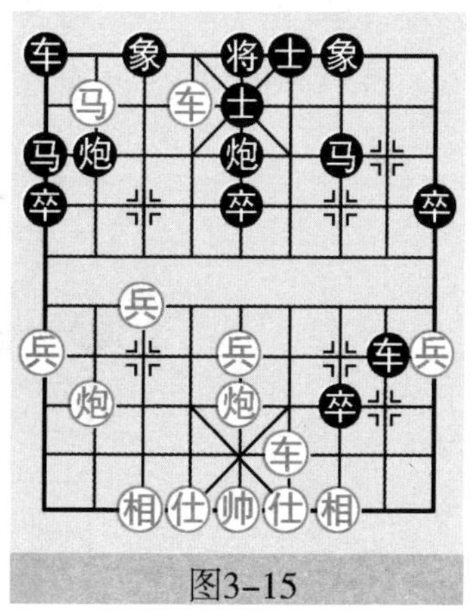
图3-15

2.车六进一　　士5退4
3.马八退六　　车1平4
4.车四平六　　士6进5
5.车六进一　　将5平4
6.炮八平六　　(红胜)

突破战术

在进攻过程中遇到对方子力筑成的防线,通常采取突破战术,例如破士、破象,使对方主将暴露,便于攻击。

第一局　破士攻杀

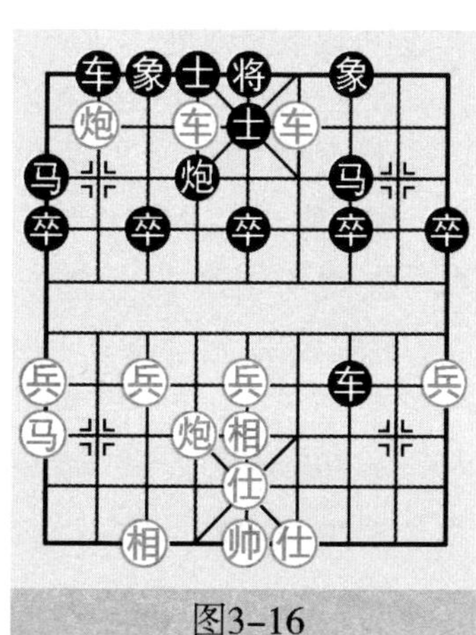
图3-16

如图3-16,红双车形成二鬼拍门之势,最宜用破士入局法。

着法红先:

1.炮八平五　　炮4平5

另有两种变化均属红胜。甲:士4进5,车四平五,马7退5,车六进一,杀;乙:炮4平3,炮六进五,士4进5,炮六平五,士5进4,车四平五,将5平6,车六进一,杀。

2.炮六进七　　车2进4
3.炮五退二　　炮5平2

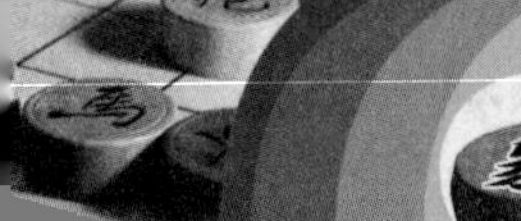

4.车六平五	将5平4	5.车五平六	将4平5
6.车四平五	将5平6	7.车六进一	（红胜）

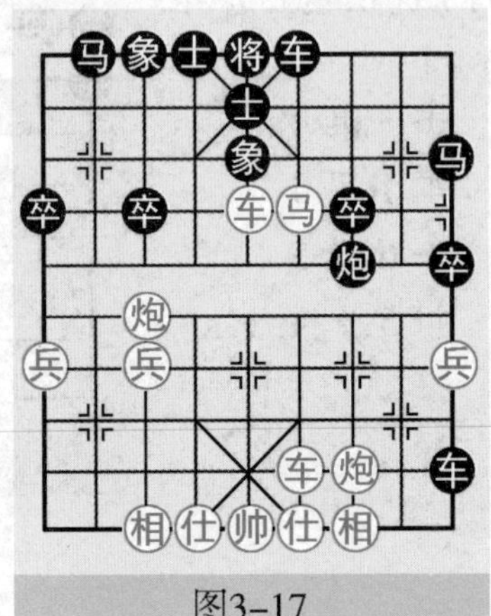
图3-17

第二局　破象攻杀

如图3-17，初看红车炮被牵制，马也不能跳卧槽，似乎一时难以攻入，但可以破象取胜。

着法红先：

1.炮三进五　　车9平6

红大胆弃车，暗伏杀机。

2.炮七进五　　象5退3　　3.车五进二

弃炮破象，再弃车破士，有胆有识。

3.……　　士4进5

4.马四进六　　将5平4

5.炮三平六　　（红胜）

第三局　弃车突破

如图3-18，黑车捉炮，红不必逃，有连将杀法。

着法红先：

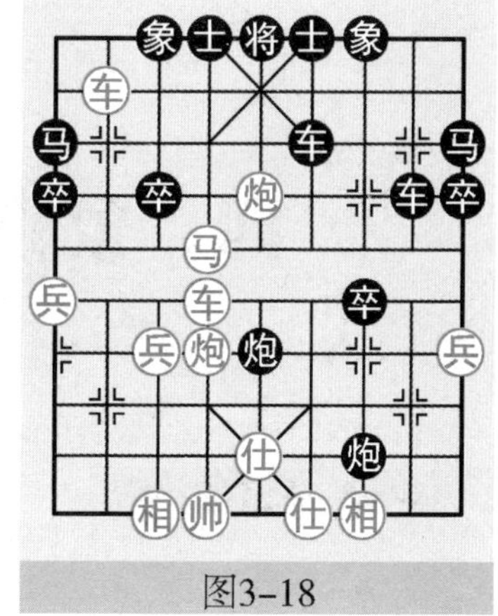

图3-18

1.马六进五　　士6进5

如改走车8平5，车六进五，杀。

2.车六进五　　将5平4

3.车八平六　　将4平5

如改走将4进1，炮五平六，杀。

4.车六平五　　将5平6

如改走将5平4，炮五平六，杀。

5.车五进一　　将6进1

6.车五平四　　（红胜）

四、象棋实战对局例评

中炮对屏风马

第一局　红进中兵

1.炮二平五	马8进7	2.马二进三	马2进3
3.车一平二	车9平8	4.兵七进一	卒7进1
5.车二进六	炮8平9	6.车二平三	炮9退1
7.兵五进一	士4进5	8.兵五进一	炮9平7
9.车三平四	卒7进1	10.马三进五	卒7进1
11.马五进六	车8进8	12.马八进七	象3进5
13.马七退五	车1平3		

黑方平车保马,着法稳健,但从实战效果看,所具备的反击力太弱。如果改走炮2退1,则更富有变化和魅力。

14.炮八平七　炮2退1

15.车九平八　马7进8

16.车四平三　马8进6

黑方舍弃过河卒,使局势得到暂时的缓和,选择正确。

17.车三退三

如图4-1,黑方用马换炮,操之过急。应改走车8退2,车八进三(如车三平二,马6进8,马五进三,马8进7,帅五进一,马7退5,相三进五,

卒5进1,红不占优)车8平7,车八平三,马6进5,相三进五,卒5进1,车三进三,这样,红虽仍然主动,但兑去一车后,黑的压力相对减轻。

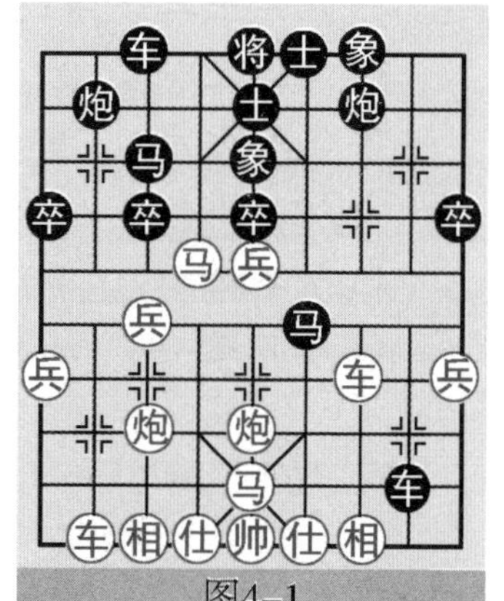
图4-1

17.……

18.相七进五　　马6进5

19.车三进三　　马3退1

至此,红已完全控制了局势。此时,黑方马退边路,下得十分沉着。

20.车八进三　　车8退3

若黑走车3平4,则有马六进七,车4进8,马五进三,黑失子。

21.相五进三　　炮2平3

22.马五进三　　车8退4

23.炮七平五

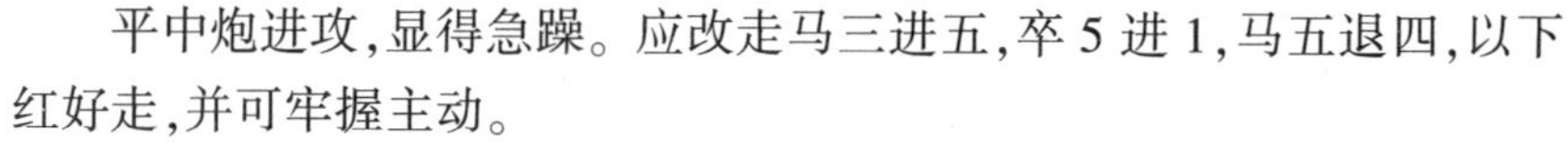

平中炮进攻,显得急躁。应改走马三进五,卒5进1,马五退四,以下红好走,并可牢握主动。

23.……　　炮3进4　　24.车八进一　　卒3进1

25.马六进五　　象7进5　　26.炮五进五　　士5进6

27.车三平五　　马1进3　　28.炮五退二　　炮7平5

29.车五进二　　将5进1　　30.车八进四　　将5退1

31.车八平二　　车3平4　　32.马三进四

进马出击,对形势过于乐观。此时,宜走炮五退三,车4进3,仕六进五,将5平4,炮五平六,将4平5,车二退三,炮3平5,帅五平六,红可占优。

32.……　　车4进5　　33.马四进三

再次进马,不太冷静。可走马四进五,将5平4,马五进七,炮3退3,仕六进五,炮3平5,相三退五,车4平2,仕五退六,车2平5,车二退三,卒3进1,以下双方各有顾忌。

33.……　　将5平4　　34.仕六进五　　车4退2

35.车二平三　炮3平5　36.仕五进六　车4进4
37.马三进四　将4进1　38.车三退二　马3进4
39.车三平六　将4平5　40.车六平五　将5平4
41.炮五平三　马4进3　42.马四退二　车4进2
43.帅五进一　车4退1　44.帅五退一　马3进5
45.车五退二　马5进3(黑胜)

第二局　红跳边马

1.炮二平五　马8进7　2.马二进三　车9平8
3.车一平二　卒7进1　4.车二进六　马2进3
5.兵七进一　炮8平9　6.车二平三　炮9退1
7.马八进九　车8进8

黑方进车下二线,着法新颖。可能黑方对此研究很深,所以着法脱俗。

8.兵五进一　车8平2

此时平车捉炮,是上着车8进8的用途之一。由于红方从中路进攻,黑方左翼来不及反击,现左车右调,进行封锁,下得灵活。

9.炮八平六　马3退5　10.车三退一　炮2平5
11.仕六进五　车2退2
12.车九平八　车2平4
13.马九退七

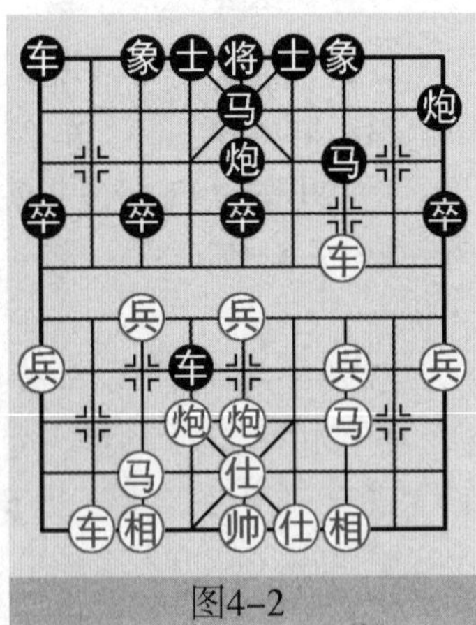
图4-2

如图4-2,红方回马踩车,不如走兵七进一,卒3进1(如炮5进3,车三平六,车4平7,兵七进一,炮9平7,车八进四,马5进6,兵七平六,对攻黑不利),车三平七,炮5进3(如炮9平7,马九退七,车4平7,车八进三平稳),车八进四,炮5退1,车八平五,象3进5,车七进一,这样双方大致均势。

13.…… 车4平3
14.车八进一 炮5进3
15.帅五平六 象3进5
16.车三退一 炮5退1
17.炮六进五

进炮去打马，显得有些浮躁。如果走车三平六，下一步有车六退一兑车的手段，红方并不弱势。

17.…… 炮9平7　18.车三平四 马7进8
19.车四进四 炮7进6　20.炮五进四 车1进1

妙着。防中带攻，红方由此无计可施了。

21.相七进五

被迫飞相。若走车八进一，车1平4，车八平六，车3进2，相七进九，车3平2，红亦败。

21.…… 车1平4　22.车八进六 车3进2
23.炮五平二

无奈之着。如炮五平六，车4平1，车四退三，马5进7，车四平五，士6进5，红仍少一子，黑亦胜定。

23.…… 车3退2　24.炮二平六 车4平1
25.车八退二 卒3进1　26.车八进四 马5进3
27.车四平九 马3退2　28.车九平八 士6进5
29.车八进一 士5进4　30.车八平六 将5进1
31.车六退一 将5退1　32.炮六平五 将5平6
33.车六退一 马8进6

至此，黑有车3平4强兑车的着法，以后多二子胜定。

第三局　红五九炮

1.炮二平五 马8进7　2.马二进三 车9平8
3.车一平二 马2进3　4.兵七进一 卒7进1

5.车二进六	炮8平9	6.车二平三	炮9退1
7.马八进七	士4进5	8.炮八平九	炮9平7
9.车三平四	马7进8	10.车九平八	车1平2
11.车四进二	炮7进5	12.相三进一	炮2进4
13.兵五进一	炮7平3	14.马三进四	

双方调兵遣将,至此布局定型。红进马挑战,是“五九炮”极具威力的一种变化。

14.…… 炮2退5

黑方退炮捉车,积极对攻,选择正确。如改走车8进3保中卒,虽可使局势相对稳定,但黑方的反击力较弱。

15.车四退三 卒7进1

16.马四退三 象3进5

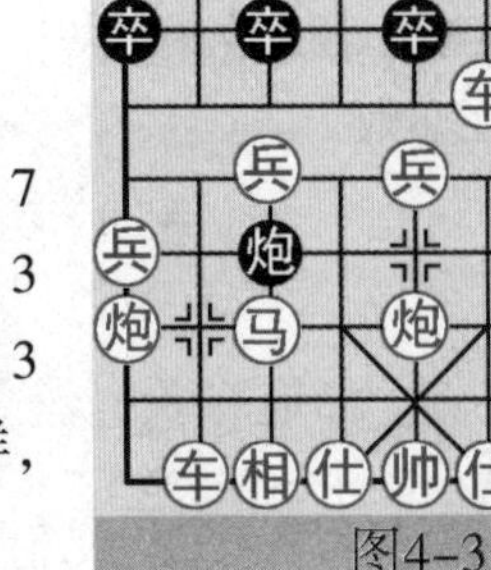
图4-3

如图4-3,黑飞象正着。若改走卒7进1,红兵七进一,卒3进1,车四平七,马3进2,车七平八,炮2进8,车八进四,炮3进3,帅五进一,马8进6,帅五平六,这样,黑对攻速度减慢。

17.兵五进一

冲中兵,急于开通中路,打开局面。红亦可走马三进五(不可车四退二,因黑炮3进3,车八平七,卒7进1,车四平八,卒7进1,红右翼受攻),卒7平6,兵五进一,卒6平5,马五进三,卒5平6,炮五平二,马8退7,车四退一,车8进6,马三进四,仍是对攻。

17.…… 卒5进1　18.马七进五 卒5进1

19.炮五进二 卒7平6

正着。若改走卒7进1,红马五进三,卒7进1,车八进三,这样,黑方攻势减弱。

20.马三进四

红亦可走炮五进一,则黑马8进7,以下相一进三(如车四退一,车8进4,炮九平五,炮2进5,红无先手),炮2进3,马五进六,马7进5,相三退五炮，2 平 5，车四平五，车 2 进 9，马三进四，双方各有顾忌。

20.…… 马 8 进 6 21.车四退一 车 8 进 6
22.马五进三 炮 3 平 2 23.车八平九 前炮平 5
24.炮九平三 马 3 进 5 25.车四退二 车 2 平 4
26.车九进二 车 4 进 5 27.马三进四 卒 3 进 1
28.车九平八 炮 5 平 2 29.炮三进二

妙着。红虽然被动，但仍然沉着应战。

29.…… 车 4 进 1 30.车八平六 卒 3 进 1
31.炮三平七 后炮平 3 32.仕六进五 炮 2 退 3
33.车六平八 车 4 平 2 34.车八进一 车 8 平 2
35.相七进九 炮 2 平 6

双方行棋十分谨慎，各子互相牵制，都没有机会放手发动攻势。此时黑用炮换马，不失为一种选择。如车 2 平 5，炮七进二，局势仍然难以明朗。

36.车四进四 马 5 进 3 37.炮七进四 马 3 进 5
38.车四平九 车 2 平 9

弈至此，和棋已定。

第四局 红五六炮

1.炮二平五 马 8 进 7 2.马二进三 车 9 平 8
3.车一平二 马 2 进 3 4.兵七进一 卒 7 进 1
5.车二进六 炮 8 平 9 6.车二平三 炮 9 退 1
7.炮八平六 车 1 平 2 8.马八进七 炮 2 平 1
9.车九进二 士 6 进 5 10.马七进六 炮 9 平 7
11.车三平四 车 8 进 5

黑进车捉马，是想搅乱局势，从中得利。但不如走象 7 进 5，以使局势工稳。

12.兵三进一 车 8 退 1 13.马三进四 卒 3 进 1

黑若改走卒7进1,马四进六,车2进2,车九平八,车2进5,炮五平八,马3退1,车四进二,炮7平9,车四平三,象7进5,炮八进五,马7进6,炮八退二,马6退8,车三平一,马8退9(如车8平4,车一进一黑丢车),炮八平二,红方得子。

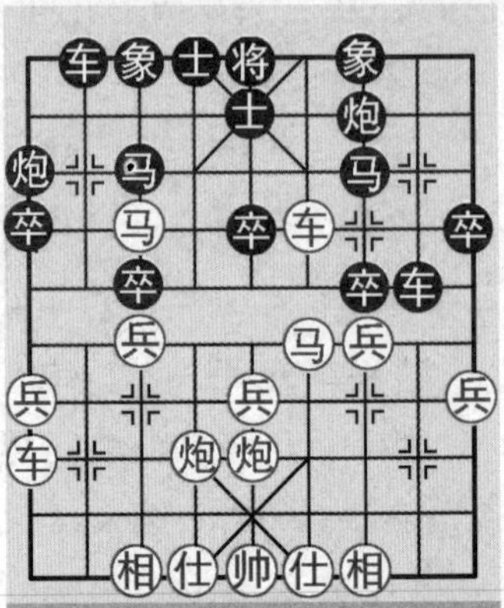

14.马六进七

如图4-4,红进马思虑颇深。若改走马四进五踩中卒,黑马3进5,马六进五象7进5,红无便宜可占。

图4-4

14.…… 卒7进1

15.马七进九 象3进1

16.车四进二 炮7平9

17.马四进三 车8平7

18.炮六进四

着法稳健。如急于马三进五,车2平3,兵七进一,象1进3,炮六平七,马7进6,红不好走。

18.…… 车2进3 19.车九平六 马3进4

20.兵七进一 车2平4

黑无奈吃炮。若改走马4进6,红马三进五,则黑更难走。

21.兵七平六 车4退2

退车好棋。如车4退1,兵六进一,车4平2,车四平三,车7退1,车三进一,士5退6,兵六进一,黑无优。

22.炮五平三 卒7平6

黑方卒平6路,失误之着。应改走卒7平8,可以堵塞红车进攻的一条路线。这样局势虽差,但战线还长,黑仍有机会。

23.车四平三 车7退1 24.炮三进五 象7进5

25.炮三平九

失误。随手轰象,错失速胜良机。应车六平二,车4进3,车三平四,士5退6,炮三平二,炮9退1(如炮9进5,炮二进二,士6进5,炮二平一,

绝杀),炮二进二,士6进5,车四平一,红胜定。

25.……	车4进3	26.车六进三	车7退2
27.车六进三	将5平6	28.炮九进二	将6进1
29.炮九退一	将6退1	30.车六退四	士5进4

无奈之着。如果第22着黑卒平8路,不仅可以阻止红第25着车六平二,而且此时还可选择车7进8吃相,红炮九平一(如车六平四,士5进6,车四进三,炮9平6,黑能对抗下去)车7平6,帅五进一,车6退3,黑弃炮后,有过河卒助战,胜负难料。

31.车六进三　车7平1

如改走炮9退1,炮九进一,象5退3,车六平四,将6平5(如车7平6,车四平三,车6平9,车三进二,将6进1,车三平六,黑更难走),车四退三,黑亦无优。

32.车六进二	将6进1	33.车六平三	车1进1
34.车三退一	将6退1	35.车三平一	卒5进1
36.车一退二	车1平3	37.车一平九	车3进4
38.相三进五	车3平5	39.兵一进一	车5平9
40.车九平五	卒5进1	41.车五进一	车9退1
42.车五退二	车9退2	43.兵九进一	车9平6
44.兵九进一	将6进1	45.仕六进五	将6退1
46.兵九平八	将6进1	47.兵八平七	将6退1
48.兵七平六	将6进1	49.车五进四	车6平1
50.兵六平五	车1退2	51.车五退三	车1进3
52.车五平四	将6平5	53.兵五进一	车1平5
54.车四平二	将5退1	55.兵五平六	车5平4
56.车二进三	将5进1	57.兵六平五	车4平5
58.兵五平六	车5退2	59.车二退三	车5平6
60.相五进七	车6平7	61.相七进九	车7平2
62.仕五退六	车2平6	63.兵六平五	车6平4
64.车二进二	将5退1	65.车二进一	将5进1

66.车二平四　车4进2　67.仕六进五　车4退2
68.车四退四　车4平2　69.相七退五　车2平1
70.兵五平四　将5平6　71.车四平五　车1平2
72.相九退七　车2平4　73.车五进四　车4进2
74.兵四平五　卒5平4　75.兵五进一

至此,红胜定。

中炮对反宫马

第一局　红正马

(一)对左横车

1.炮二平五　马2进3　2.马二进三　炮8平6
3.车一平二　马8进7　4.炮八平六　车9进1
5.马八进七　车1平2　6.车九平八　车9平4
7.仕四进五　卒7进1　8.车二进六

不如改走车八进四巡河,这样较能掌握先手。

8.……　车4进5　9.兵三进一　卒7进1
10.车二平三　炮6退1　11.车三退二　车4平3
12.马三进四

应改走车三平四捉炮,黑有两种应法:甲、炮6平1,则车八进六,黑右翼子力显得拥挤;乙、炮6平9,则车八进六,炮2平1,车八进三,马3退2,车四平八,马2进3,车八进三,炮9进1,马三进四,红方占优。

12.……　卒3进1　13.车八进六　炮6进2
14.车八退四　马7进6　15.炮六退一　车3退1
16.兵五进一　象3进5　17.马四退三　车3进1
18.兵五进一

如图4-5,正着。若走卒5进1,则车三进二,黑有失子之危。

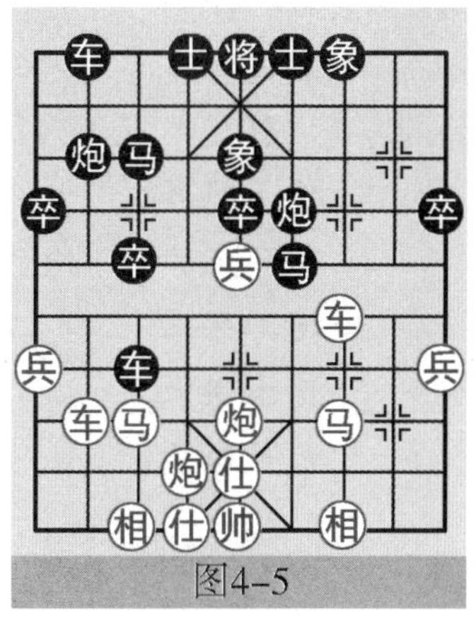
图4-5

18.…… 车3平7
19.炮五进四 马3进5
20.车三退一 马6进7
21.兵五进一 炮2进4
22.马七进五 炮6平7
23.相三进五 炮7进4
24.马五退三 卒3进1

在经过中局阶段一系列子力交换,双方均势的情况下,黑卒3进1过河摆脱了车炮被牵的被动局面。

25.车八平七 卒3平4
26.马三进五 卒4进1
27.马五进六 炮2平3
28.炮六平九 车2进4

黑车进河口捉马,再进兵林守炮,着法不利索。应改走车2进6直接守炮,保持复杂的局面。

29.马六进四 车2退1
30.炮九平七 车2进3
31.仕五退四 士6进5
32.炮七平一 马7进6
32.仕四进五 士5进6
33.相五进三 车2退5

双方调兵遣将,攻守兼备:红方退仕,左炮右移,积极寻求进攻;黑方支起"羊角士",马进下二线骚扰,右车及时退防,防守中不乏进攻。

34.车七平四 炮3进2 35.炮一平二 车2平8
36.炮二进六 卒1进1 37.兵一进一 将5平6
38.相三退一 炮3平2 39.车四平八 炮2平3
40.车八平七 炮3平2 41.车七平八 炮2平3

42.车八平四　炮3平2　43.车四平三　炮2退5

为打破僵持局面,红方车四平三主动放弃了对黑马的牵制,意在组织新的攻势,而黑趁机退炮窥视红马,下得灵活。

44.车三进五　士4进5　45.兵五进一　象7进5
46.车三退六　炮2平5　47.帅五平四　马6退5
48.炮二平五　士5进4　49.车三进八　将6进1
50.马四进二　将6平5　51.车三退三　马5退4
52.车三平五　马4退5　53.马二退三　车8进8

兑去一炮后,红方剩下车马两兵仕相全,而黑方稍劣,剩下车马三卒双士,有望和局。

54.帅四进一　车8退5　55.马三退五　车8进2
56.马五进三　车8平5　57.车五平一　马5进6
58.帅四退一　马6进7　59.车一平四　马7进9
60.马三进四　车5平8　61.马四进三　将5平4
62.车四平三　车8平7　63.马三退四　将4退1
64.车三退三　马9退7　65.兵一进一　卒4平3
66.马四退五　士4退5　67.马五退七　卒3平2
68.马七进九　卒2平1(和棋)

(二)对平边炮

1.炮二平五　马2进3　2.马二进三　炮8平6
3.车一平二　马8进7　4.炮八平六　车1平2
5.马八进七　炮2平1　6.兵七进一　卒7进1
7.马七进六　士6进5　8.车九进二　车9平8
9.车二进九　马7退8　10.炮六平七　车2进4

双方排兵布阵,至此演成如图4-6形势。红方炮平七路,将攻击的重点放在七路线上,本意是拉长战线,瞄准黑方3路底线的弱点,徐图进取。但是,其河口马易受到黑车的攻击,边车出动的速度也相对较慢。

黑方也可走车2进5捉兵,以下马六进七,车2平3,炮五退一,炮6

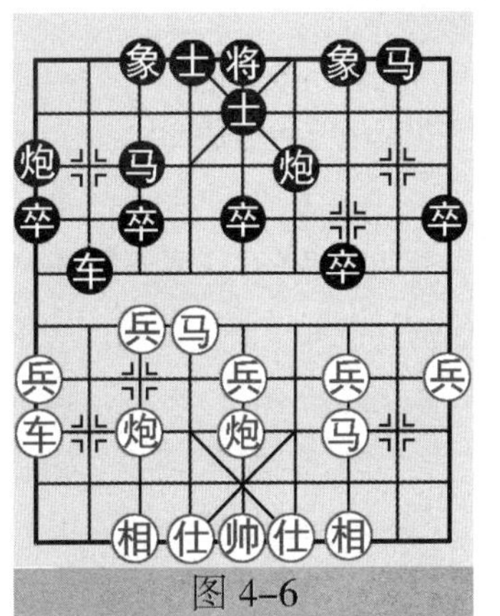
图 4-6

进 5，炮五平七，炮 6 平 1，炮七进三，炮 1 平 7，炮七进三，象 7 进 5，红稍优。

11. 炮七进四　　象 7 进 5
12. 马三退五　　马 8 进 7
13. 马五进七　　炮 6 进 5

黑方进炮的意图明显：牵制红方车马，并伺机兑掉红连环马，以求简化局面。

14. 车九退一　　炮 6 平 3
15. 马六退七　　马 3 退 2
16. 车九平二　　卒 9 进 1

挺边卒，坏棋。让红方趁机走炮五平一，黑方左翼压力大增。正着应改走炮 1 平 3，马七进六马 2 进 1，可和红方抗衡。

17. 炮五平一　　炮 1 平 3　　18. 相三进五　　马 2 进 1
19. 炮一进三　　卒 7 进 1　　20. 炮七退一　　车 2 退 1
21. 炮一进四　　士 5 进 4　　22. 车二进八　　将 5 进 1
23. 车二退一　　将 5 退 1　　24. 车二进一　　将 5 进 1
25. 车二平六

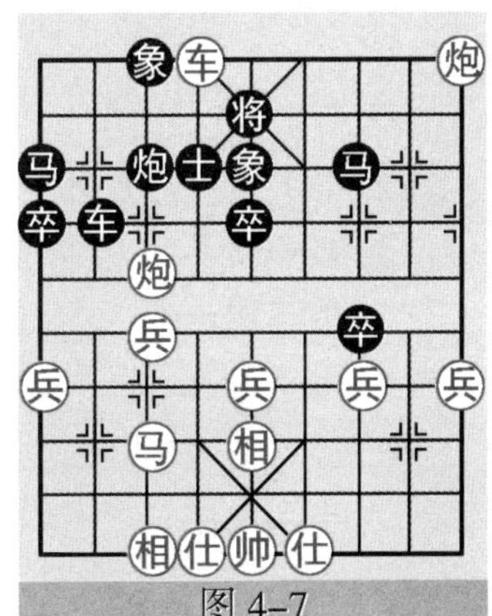
图 4-7

如图 4-7 形势，红车炮配合，深入对方阵地，连消带打，已成胜势。

25. ……　　车 2 平 4
26. 兵三进一　　车 4 进 5
27. 炮一平七　　马 7 进 8
28. 仕四进五　　马 8 进 6
29. 相五退三　　车 4 退 4
30. 兵五进一　　卒 5 进 1
31. 兵五进一　　车 4 平 5
32. 车六退二　　炮 3 进 1
33. 马七进六

进马急躁。应走车六平九吃马，简化局面。以下虽仍是胜局，难度却增加了。

33.…… 象5退3 34.马六进七 马1进3

35.炮七进四 车5进2 36.相七进五 马6进4

37.车六退一 马3进1 38.兵七进一

进兵好棋。黑方不能马4退3吃兵,因红有兵九进一的妙着可吃回一子。

38.…… 马1进2 39.兵七进一 车5平9

40.车六平五 将5平4 41.车五平四 将4平5

42.兵九进一 马2退4 43.仕五进六 车9平6

红方在上一回合兵九进一,不利索。应改走兵七进一,可较快取得胜利。而在本回合支仕,又失去了最后胜利的机会。如改走兵七进一,黑方也无法应对。

44.车四退三 马4进6 45.仕六进五 马6退5

46.兵七平八 马5退4 47.炮七退二 前马退3

48.兵八平九 马3进1 49.炮七退六 马1退3

50.炮七平六 将5进1 51.炮六进六 将5平4

至此,红以双兵仕相全对单马,虽仍占优,但三路兵尚未过河,黑应对正确,终成和局,余着从略。

第二局 红缓出车

1.炮二平五 马2进3 2.马二进三 炮8平6

3.兵三进一 马8进7 4.炮八平七 车9平8

5.马八进九 车1平2 6.车一平二 车8进9

红方出车邀兑,稳健之举。如兵七进一,则车8进4,局面亦复杂。

7.马三退二 象3进5 8.车九平八

若改走兵七进一,则炮2进3,相三进一炮2进2,局势容易简化,易成和局。

8.…… 卒3进1 9.车八进六 炮2平1

10.炮五进四 士4进5 11.车八进三 马3退2

12.马二进三　炮1进4

炮打边兵，坏棋。应走炮6进4，以下炮五平四（如炮五退一，炮6平7，相三进一，马7进5，成对峙之势）炮6平7，相三进一，炮1进4，兵五进一，卒1进1，各有顾忌。

13.炮五平四　炮1退2　　14.兵五进一　卒7进1

15.兵三进一　炮1平7　　16.炮四平三　炮6退1

此时，黑方退炮是解脱子力受困的最好办法。

17.兵五进一　炮6平7　　18.马三进四　后炮进2

19.马四进三　炮7进1　　20.相三进五　炮7平5

21.仕四进五　卒1进1　　22.炮七退一　马2进4

23.帅五平四　马7退9　　24.炮七平八　马9进7

黑方退马进马顿挫之着，是想静观一下红方的进攻方向，再做有针对性的防御。

25.炮八平六　马4进2　　26.仕五进六　象5进7

至此，局势如图4-8所示：红中兵过河，并且控制了黑方左马的出路；而黑左马虽暂时受制，但1路边卒的潜在威胁也不容忽视，且红三路马暂时也不能活动，在这样的形势下，双方一时都很难打开局面。

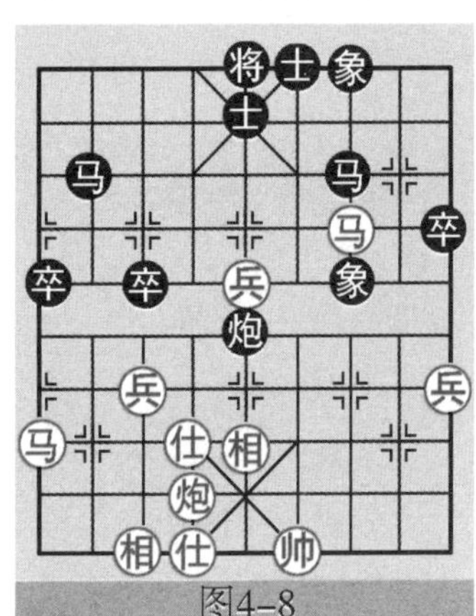

图4-8

27.炮六平八　炮5平8

28.马九进八　马2进4

上一回合黑炮5平8轻易让红边马跃出助战，是招致下风的关键。可改走马2退4顿挫一下，红方一时也难有所作为。

29.马八进六　炮8退4

30.兵五进一　炮8平7

31.兵五平六　炮7进2

32.炮八平七　炮7平8

33.炮七进四　象7进5

34.炮七退一　马7进6

35.兵六平五　卒9进1

36.炮七平四　炮8平9

37.兵七进一　炮9进3

38.马六进四

软手,错失入局良机。应走兵五平四象5退3,炮四平五叫将,黑方败势。

38.……　象5退7　39.兵七进一　马6进4

40.兵五平六　炮9平4　41.马四退五　马4进2

42.马五进四　卒9进1　43.仕六退五　将5平4

44.兵七进一　卒9平8　45.炮四进一　马2退4

46.炮四平七　卒1进1　47.炮七退一　马4进6

48.炮七退三　卒1平2　49.仕五进四　卒2平3

50.炮七平四　马6退5　51.炮四平六　马5进6

52.炮六平四　马6进8　53.炮四平六　马8退6

54.炮六平四　马6退5　55.炮四平六　马5进6

双方不变,握手言和。

第三局　红进三兵

1.炮二平五　马2进3　2.马二进三　炮8平6

3.兵三进一　卒3进1　4.马八进九　象7进5

5.炮八平七　车1平2　6.车九平八　炮2进4

7.车一进一　马8进7　8.车一平七　车9平8

9.兵七进一　炮2平3　10.车八进九　炮3进2

11.车八退九　炮3退3　12.炮五平六　车8进4

黑方左车巡河,欲弃掉右炮而打通7路卒,以获优势。如改走炮3平4,车八进七,马3退5,车八进一,红下着车八平六黑难下。

13.相三进五　卒7进1　14.相五进七　卒7进1

黑亦可改走卒3进1,兵三进一,车8平7,相七进五,卒3平4,车八进三,车7进2,各有顾忌。

15.相七退五	卒7进1	16.马三退一	马3进4

黑弃炮赚得双卒,此时进马,正着。如改走车8进4,则车八进七,马3进4,炮七进七,象5退3,车八平四,马7进8,车四退二,马4进6,车四平七,象3进5,车七进二,黑劣势。

17.炮七退一	车8进1	18.车八进八	

红进车下二线,欠稳。宜先补仕巩固后防。

18.……	马4进5	19.炮六进六	马5进3
20.车八退六	车8平4	21.炮六平三	马3退2
22.炮三退五	马2进4	23.车八退一	马7进6
24.炮三平二			

失误之着。若改走炮三退一,伺机炮七进一,双方胜负难料。

24.……	马4进6	25.炮七平四	后马进7

至此,形势如图4-9所示:黑方利用红平炮的误着上马捉炮,红已失子。

26.炮二进六　象5退7

黑方退象,选择正确。如改走士6进5,马一退三,马7进6,马三进四,车4进4,帅五进一,马6退8,车八进二,车4平6,车八平三,将5平6,车三退一,红多子胜势。

27.仕六进五　马7进6

28.仕五进四　车4平8

29.炮二平一　车8进3

30.仕四退五　炮6平7

平炮叫杀,迫使红飞起高相,破坏其阵形。

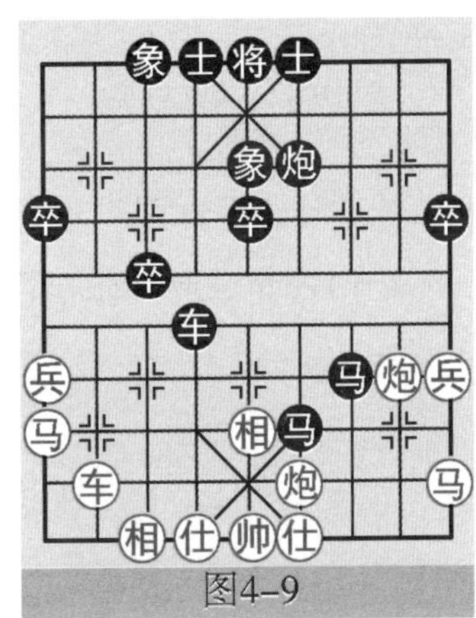

图4-9

31.相五进三　车8平9

32.车八进五　车9平8

33.车八平五　炮7平5

34.马九进七

如改走相三退五,则车8退8,炮一退一,车8进5,红也无好着。

34.…… 车8退8 35.炮一退一 车8进3
36.车五退二 马6退8 37.相三退五 马8退6
38.车五平三 卒3进1 39.马七进五 卒3平4
40.车三平四

无奈,只能换马。如改走马五退四,马6进4,帅五平六,马4进2,帅六平五,车8平3,黑绝杀。

40.…… 马6进7 41.车四退三 车8平7
42.马五进六 车7平4 43.车四平三 炮5进4
44.炮一平二 车4平3 45.帅五平六 车3平8
46.炮二平四 车8平4 47.车三进三 士4进5
48.炮四退六 卒4进1 49.兵九进一 卒4平3
50.仕五进六 卒3进1 51.仕四进五

如改走车三平五,则卒3平4,以下车五退一,卒4平5,帅六平五,卒5平6,仕四进五,卒6进1,车五平四,卒6平7,形成车双兵一仕一相对车三卒全士象的形势,红方也难保不负。

51.…… 炮5进2 52.车三退三 炮5平3
53.车三平六 车4平6

红已山穷水尽,如仕六退五,则黑炮3平5打仕胜定,只得认输。

第四局 红跳边马

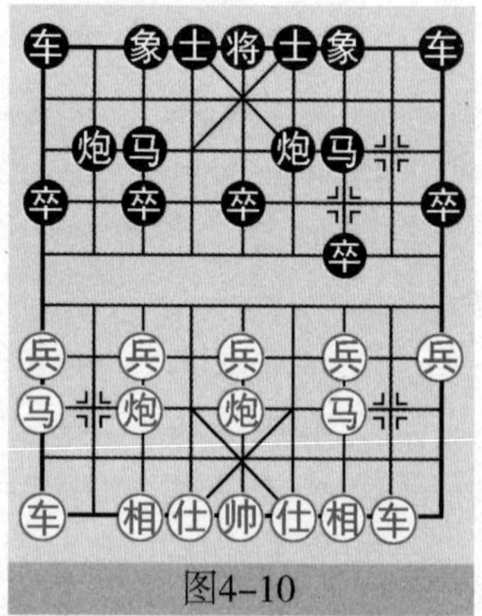
图4-10

(一)左车巡河对进7卒

1.炮二平五 马2进3
2.马二进三 炮8平6
3.车一平二 马8进7
4.马八进九 卒7进1
5.炮八平七

如图4-10,双方形成"五七炮边马对

反宫马进 7 卒”的局面。

5.…… 马 7 进 6 6.车九平八 炮 2 平 1

7.车八进四 象 3 进 5

黑飞右象不如飞左象，接下来如红方兑掉三路兵，逼退河口马，黑方就不可避免地陷入被动。试演如下：兵三进一，卒 7 进 1，车二进五，马 6 退 7，车二退二，车 9 进 2，车八平三，士 4 进 5，马三进四，马 7 进 6，炮五平四，炮 6 进 3，车三平四，马 6 退 7，兵九进一，车 1 平 4（如车 1 平 2，马九进八，红优），车四平八，伏进三捉双，红优。

8.兵三进一 卒 7 进 1 9.车二进五 马 6 退 7

10.车二进一 卒 7 进 1 11.车二平三 卒 7 进 1

12.车三进一 士 4 进 5 13.炮七平三 车 1 平 4

14.兵九进一 车 9 平 8 15.车八进三 炮 1 进 3

16.仕六进五

软手。如图 4-11，红如不走仕六进五而走炮三进七，可抓住炮轰底象的机会展开进攻。试演如下：炮三进七，象 5 退 7，车八平七，炮 6 平 5，炮五进四，车 8 进 3，车七退一，车 4 进 6，仕四进五，将 5 平 4，马九进八，炮 5 进 4，仕五进六，象 7 进 5，车七平九，车 4 平 3，炮五平四，象 5 退 3，炮四平一，车 8 平 1，马八进九，红优。

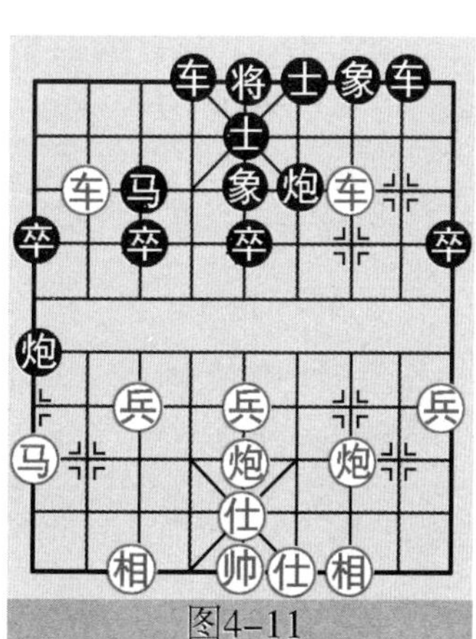
图4-11

16. 炮 1 进 1

17.兵七进一 车 8 进 5

18.炮三进二 炮 1 平 9

19.马九进八 炮 9 退 1

20.炮三平一 车 8 平 9 21.相七进九

若走马八进九，车 9 平 3，相七进九，车 3 进 1，马九进七，炮 6 平 3，车八平七，车 3 平 5，基本成和。

21.…… 车 9 进 1 22.马八进七 车 9 平 5

23.兵七进一 车 4 平 2

双方兑车之后均无取胜希望，大体和棋。

24.车八进二　马3退2　25.车三退三　车5平3
26.车三平八　马2进1　27.马七进九　炮6平1
28.车八进五　士5退4　29.车八退三　车3退2
30.车八平九　炮1平4　31.车九平五　士4进5
32.车五平一　炮4进4　33.车一退三　炮4退2

双方同意作和。

(二)右车巡河对进7卒

1.炮二平五　马2进3　2.马二进三　炮8平6
3.车一平二　马8进7　4.马八进九　卒7进1
5.炮八平七　马7进6　6.车九平八　炮2平1
7.车二进四

如图4-12，红宜改走车八进四，接下来可有后续进攻手段。

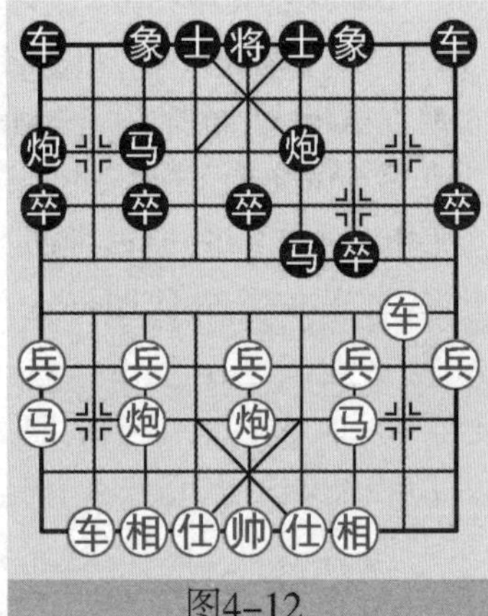
图4-12

7.……　象3进5
8.兵九进一　车9进1
9.车八进四　车9平4
10.仕四进五　士4进5
11.炮五平六　车1平2
12.车八进五　马3退2
13.兵三进一　卒7进1
14.车二平三　车4进4

好棋。进车邀兑，以打开反击局面。

15.车三平六　马6进4
16.炮六进一　卒3进1
17.马九进八　马2进3
18.炮七平九　炮6进1
19.马三进四　炮1进3

20.马四进六　　炮6退1

21.马六进四

进马急躁。如图4-13,若改走炮九进四,双方大致均势。

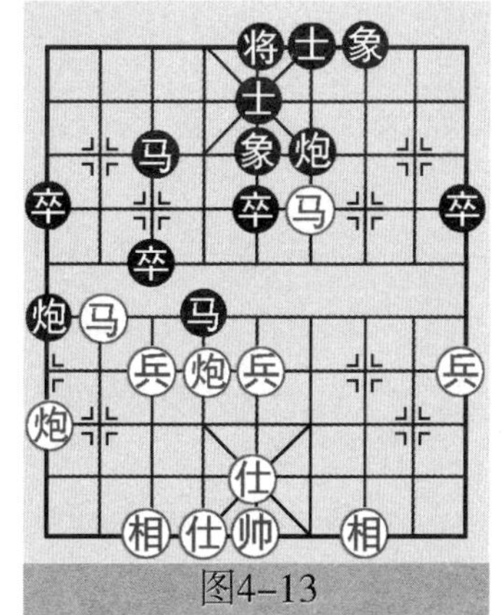
图4-13

21.……　　马4退6

22.马四进二　　马6进5

23.马二进一　　马3进4

24.马八进六　　马5退4

25.马一退三　　炮6退1

26.炮九平三　　士5进6

由于21回合贸然进马,白丢两兵,现在又兑去一马,红方的局势不容乐观。

27.炮三进七　　将5进1　　28.马三退二　　炮1平5

29.相三进五　　炮5进1　　30.炮六退一　　马4进3

31.炮三退一　　将5退1　　32.马二退三　　马3退4

33.炮三进一　　士6进5　　34.炮三退二　　马4进6

35.炮六进四　　炮5退2

黑方胜定,红认输。

中炮横车对屏风马

第一局　黑上右象

(一)黑进左炮

1.炮二平五　　马8进7　　2.马二进三　　车9平8

3.兵七进一　　卒7进1

黑若改走炮8平9,以下马八进七,车8进4,车一平二,车8进5,马三退二，卒7进1，双方交换一车后可较快进入中残局的较量。

4.马八进七　　马2进3　　5.车一进一　　象3进5

6.车一平四　　炮8进2　　7.马七进六

红也可走兵五进一，则黑士4进5，以下有炮八平九，卒3进1，车九平八，车1平2，车八进六，卒3进1，车八平七，卒3进1，车七进一，卒3进1，车四平八，卒3平4，车七平八，车2进2，车八进六，卒4平5，相七进五，炮8退1，至此双方均势，红稍好。

7.……　　卒3进1　　8.炮八平七　　马3进4

9.兵七进一　　象5进3　　10.车九平八　　炮2平4

11.兵三进一　　卒7进1　　12.马六进四　　象3退5

退回中象正确。至此，红方无论采用何种应法，均已失去先行之利。

13.炮七平六　　马4进3　　14.炮六进七

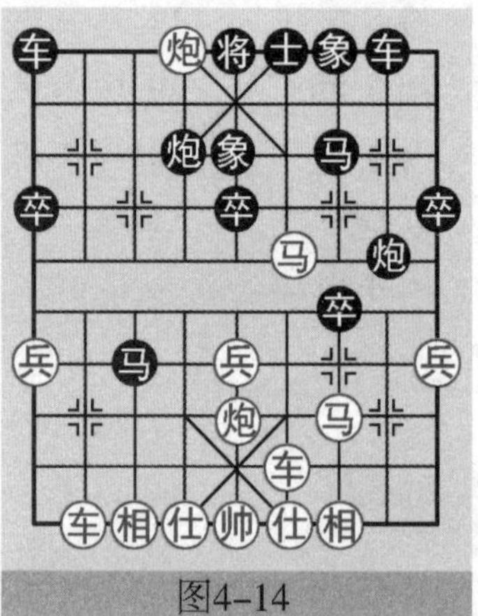

图4-14

如图4-14形势，红方贸然轰士，有些急躁。

14.……　　车1平4

黑车平4路，选择正确。如改走马7进6，则红炮六平四，打双车，黑方反而吃亏。

15.马四进三　　炮4平7

16.炮五进四　　象5退3

退象正确。如误走士6进5，则车四进七，红方攻势凶猛。

17.车八进八　　炮8平5

18.仕四进五

正着。如改走仕六进五(相七进五炮5进3,黑优),车4进3,车八平七,象3进1,黑优。

18.……　　炮7平3

19.车八退八　　车4进7

20.相七进五

如改走帅五平四,炮3进7,车八平七,车4平7,帅四平五,车7进2,车四退一,车8进9,也是黑胜。

20.……　　车4平5　　21.马三退一　　马3进1

22.车八平七　　炮3进6　　23.车四进四　　车5平3

24.车四平五　　车8进7

黑亦可车8进8,炮五平六,象3进5,炮六退五,炮3平5,车七进二,炮5退4,炮六平五,炮5平2,黑方胜势。

25.马一进三　　卒7进1　　26.炮五平六　　象7进5

27.炮六退四　　车8平7　　28.相三进五

如改走炮六平九,炮3平1,炮九平三,车3进2,炮三平八,车3平2,炮八平七,炮1进1,红更难走。

28.……　　车7平5　　29.炮六平九　　炮3平1

30.炮九平五　　车3进2　　31.车五平八　　车3退3

32.车八退四　　炮1进1　　33.车八退一　　炮1退1

34.仕五进四　　车3平5　　35.车八进二　　士6进5

36.兵九进一　　卒7平6　　37.仕六进五　　车5平3

至此,黑方车炮三卒单缺士且有一卒过河,而红方车炮双兵双仕,黑胜定。

38.炮五平六　　车3进3　　39.炮六退二　　炮1进1

40.车八平九　　卒9进1　　41.车九退一　　车3平2

42.车九进一　　卒6平5　　43.车九退一　　卒5平4

44.车九平七　　象3进1　　45.车七平九　　象1进3

46.兵九进一　卒1进1　47.车九进四　卒4平3
48.车九退三　士5退4　49.车九平六　象3退1
50.车六平五　象1退3　51.车五进三　卒3进1
52.车五平一　卒3进1

至此,红方认输。

(二)黑进右炮

1.炮二平五　马8进7　2.马二进三　车9平8
3.兵七进一　卒7进1　4.马八进七　马2进3
5.车一进一　象3进5　6.车一平四　炮2进4
7.兵五进一　炮8进4　8.车四进三

着法新颖。如图4-15,红进车河口既可防止黑方马7进8跃出,又打破了兵林线的封锁。

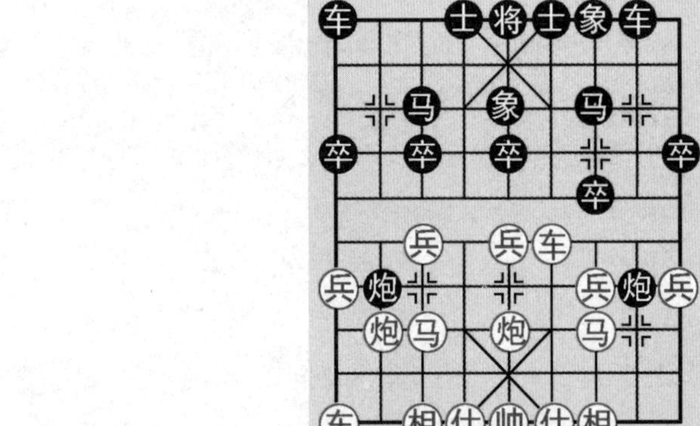

图4-15

8.……　士4进5
9.炮五退一　炮8进1
10.车四退一　炮2退2

避兑,冷静的选择。如走炮2平7,车四平三,炮8平3,车三平七,炮3平4,炮八平七,车1平2,兵九进一,炮4退5,兵九进一,卒1进1,车九进五,卒7进1,兵五进一,卒5进1,车九平五,红优。

11.相七进五　　车8进6

12.炮八进一　　车1平4

车平4路,着法积极。如怕丢士逃8路车,将陷于被动。而走卒7进1,车四进三,车8平7,马七进五,黑丢车。

13.车四进六

不冷静。交换下来,被黑方进车捉马自己反失了先手,不如先走车九平七保一下左马。

13.……　　将5平6　　14.炮八平二　　车4进7

15.车九平八　　炮2平6　　16.车八进三

如改走马七进八,炮6进4,车八进三,将6平5,马八进七,炮8平5,炮五平九,红虽少一相,但亦有机会。

16.……　　车4平3　　17.兵五进一　　卒5进1

18.马三进五　　车3平4　　19.马五进四　　马7进6

20.车八平四　　将6平5　　21.车四进二　　将5平4

22.炮五进四　　车4进2　　23.帅五进一　　车4退5

24.炮二进六

如图4-16,进炮将军没有什么意义。应走炮二进二,伏有车四进一争占卒林线,形势可稍好一些。

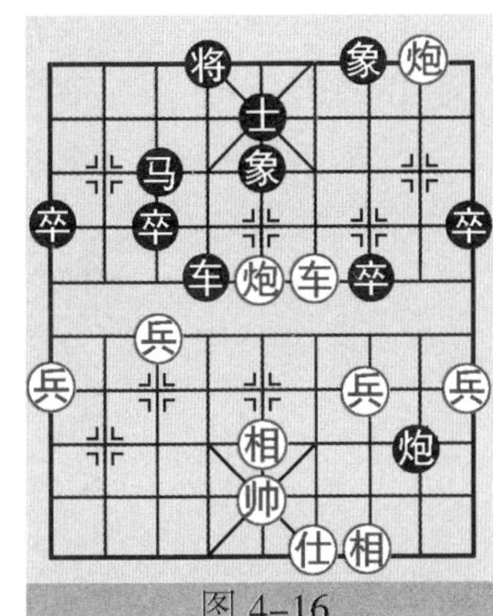

图4-16

24.……　　象7进9

25.车四进四　　将4进1

26.车四退三　　车4平5

27.车四平六　　士5进4

28.车六平七　　卒7进1

黑卒硬冲过河,巧着。因红不敢吃,否则炮8退1后伏平中叫将再抽车,红白亏一子,黑已形成胜势。

29.车七进一　　卒7进1　　30.车七进一　　将4退1

31.车七退二　　卒1进1　　32.车七平二　　炮8平6

33.车二平一　　炮6退1　　34.车一平六　　炮6平9

35.兵七进一	车5平3	36.车六进一	将4平5
37.车六平五	将5平4	38.车五平一	炮9退2
39.车一平六	将4平5	40.车六退四	卒7进1
41.炮二退五	卒7进1	42.炮二平七	炮9进4
43.帅五退一	车3平5	44.帅五平六	卒7平6
45.车六退一	车5进2	46.炮七退四	车5平1
47.相五进七	车1平6	48.车六平五	将5平6
49.车五平九	炮9进1	50.车九进三	卒6平5
51.车九平六	炮9平6		

红回天无力,只有认输。

第二局　黑上左象

(一)车横左肋

1.炮二平五	马8进7	2.马二进三	车9平8
3.兵七进一	卒7进1	4.马八进七	马2进3
5.车一进一	象7进5		

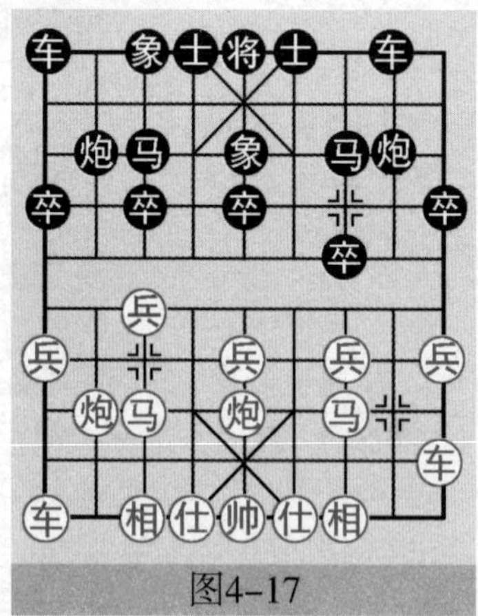

图4-17

如图 4-17,虽然很多人认为飞左象会造成右车出路不畅,但它的长处在于可以加强右翼的防守。

6.车一平六　　马7进6

黑跃马河口,可抢先争得河界阵地,边车视情况而动。

7.马七进六　　马6进4

8.车六进三　　炮8平7

9.炮五平七　　炮2进4

10.相三进五　　炮2平7

11.炮七进四　　车1平2

12.炮八平七　　车8进8

车下二线,好棋。既限制了红九路车的抬头,又为以后反攻准备了条件。而红双炮呆滞,左车没有出路。

13.仕四进五　　车2进4

14.车六平四

若改走车九进一车2平6,车九平六车6进4,黑有车8平7的凶招。

14.……　　卒9进1

15.兵九进一　　士4进5

16.车九进一　　前炮平8

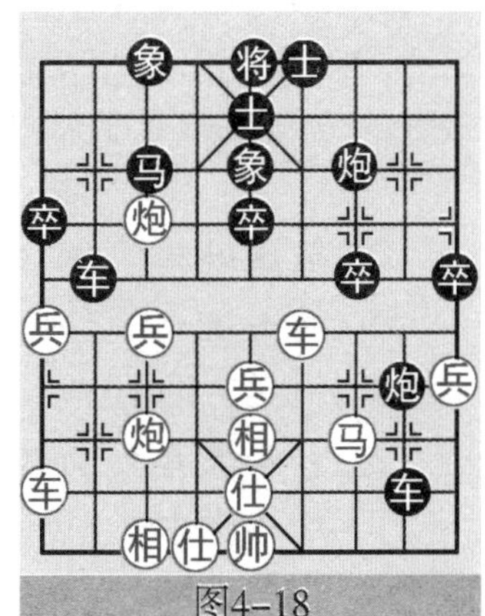

图4-18

如图4-18,红如车九平六,则炮7进5,以下炮七平三,车8平7,炮三平二,车7退1,车四退二,车7退1,黑优。

17.马三进二

稍显急躁。应改走后炮退一,车8退1,马三退四,黑势虽好,一时也难以入局。

17.……　　炮7平6

炮平士角,好棋。使红反扑的计划成为镜花水月,同时也为有力打击红方创造了有利条件。

18.车九平六　　车8进1

若走卒7进1,车四平三,车8进1,车三退四(仕五退四,车2平6,仕

六进五,炮6进7,车三退四,车8平7,相五退三,车6进1,黑优),车8平7,相五退三,车2平7,相三进五,炮8进3,马二退三,炮8平9,下着炮6平7打马得子。

19.仕五退四　车8平9　20.车六平二　炮6平8
21.车二平三　车9退3　22.马二进三　卒9进1
23.车三退一　前炮退1　24.车四平六　车9平5
25.仕四进五　卒5进1

不如改走车2平6,车六进四,前炮平5,前炮进三,车6平4,黑优势。

26.车六进四

红若改走马三进四,则后炮平7,前炮平二,车2平4(车5平3,炮二进三,炮7退2,车六进二,捉死黑7路炮占优),车六平四,马3进2,炮二进三,炮7退2,炮七进七,红势不差。

26.……　象5退7　27.车三平四　车5平8
28.前炮进三　车2平4　29.车六退三　马3进4
30.兵七进一　马4退5

着法稳健。此时退马比进马好,如黑马进中路,对攻中不占便宜。

31.马三退五　前炮平5　32.后炮平八　将5平4
33.炮八平六　将4平5　34.车四进四　车8进3
35.车四退四　车8退3　36.车四进四　车8进3
37.车四退四

不变作和。即使黑改走车8平6,帅五平四,炮8进2,炮六平八,将5平4,马五进七,马5进3,兵七进一,也仍是和棋。

(二)车横右肋

1.炮二平五　马8进7　2.马二进三　卒7进1
3.兵七进一　马2进3　4.马八进七　车9平8
5.车一进一　象7进5　6.车一平四　士6进5

稳健之着。如急于炮2进4反攻,则兵五进一,炮8进4,马三进五,炮8平5,马七进五,车8进6,炮五退一,马7进8,兵五进一,马8进7,车四进三(如车四进五,则马7退5,黑优),卒5进1,炮五进四,士4进5,马五进六,车1进2,炮五退二,马7进8,炮八平五,伏有马六进五踏中象和马六进四奔卧槽杀着,红胜定。

7.兵五进一　马7进8　8.兵五进一　马8进7

黑如走卒5进1去兵,红马七进五反而扩大先手。

9.兵五平六　炮8平7　10.马七进五

红若改走车四进二,黑则车8进8,以下兵六进一,马7退8,马七进五,卒7进1,马五进四,卒7进1,马四退三,车8退2,黑优。

10.……　炮2平1　11.炮八进四　车1平2

12.炮五进四

用炮换马得中卒,得不偿失。应走车九平八,马7进5,相七进五,车8进7,车四进一,炮1进4,车八进二,黑车马被封,红优。

13.……　马3进5　14.炮八平五　车2进6

15.车九进二　炮1进4

正着。如走车2平5,马三进五,马7进6,马五退四,炮7进7,仕四进五,炮7平9,车九平二,黑虽得相但兑车后不及红优。

15.马五退七　炮1退2　16.车四进六

败着。应改走车四进三,车2退2,兵六进一,车2平6,车四进一,马7退6,马七进五,马6进4,相七进五,红局势稍差。

16.……　车8进3　17.炮五平九

炮击边卒,以求转换。若炮五退五,马7进5,车四平三,马5进3,红失车;而走车四平三,车8平5,兑子后黑优。

17.……　马7退5　18.马七进五　卒3进1

至此形成图4-19形势,黑卒3进1软手,错失良机。正确攻法是炮7进5,红有以下两种应法,皆不占优。甲:炮九平二,车2平5,仕六进五,马5进3,红必失一子;乙:马五退三,车8进5,车四退三,炮1进1,车四进一,卒7进1,仕六进五,炮1进1,红全局受制。

19.车四退三

稍显急躁。不如改走车四平三,车8平1,兵七进一,炮1进2,马五进七,红双兵过河略优。

19.……　车8平1　20.车四平五　炮1进2

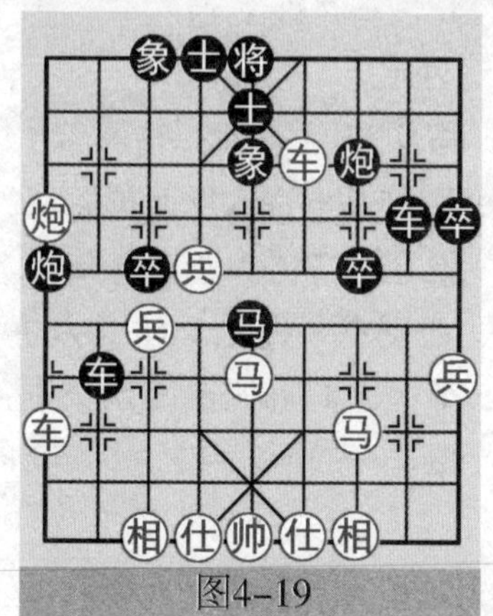

图4-19

21.兵七进一	车1平6	22.马五进七	炮1平9
23.相三进一	炮9退2	24.兵六平五	象5进3
25.兵五进一	车6平8	26.车九平五	车2退3
27.马三进二	炮9进1		

误着。以为红马不可前进,结果前功尽弃。下面只得尽力求和。

28.马二进四	炮7平9	29.马七退六	前炮平8
30.后车平二	炮8退1	31.马四进三	炮9平8
32.马六进四	车2退1	33.马三退二	炮8进2
34.马四进三	车2平7	35.马三退四	车7进1
36.仕六进五	车7平5		

黑以炮换兵,和局已定,余着从略。

五、象棋残局技巧

停　着

开始走棋后，棋子的位置虽有变动，而其作用毫无改变（指没有新的意图产生）以静观对方的动态，叫作“停着”，也叫“等着”或“闲着”。

在子力较少的残棋中，经常会遇到没有好棋可走的情况。这时，停着就以威胁之势强迫对方去走棋。它不再是静观以待，而成为一种直接进攻的重要战术手段。

许多实例表明，有些局势必须很好地运用停着才能取胜，也有的局势因缺乏适当的停着而无法进取。

通常双炮不能胜单炮双士，如图 5-1 就是特例。红方先将左炮深入对方阵地。进行侧翼骚扰，起到限制黑方进士的作用。然后，再运用停着，造成有效的正面攻击。

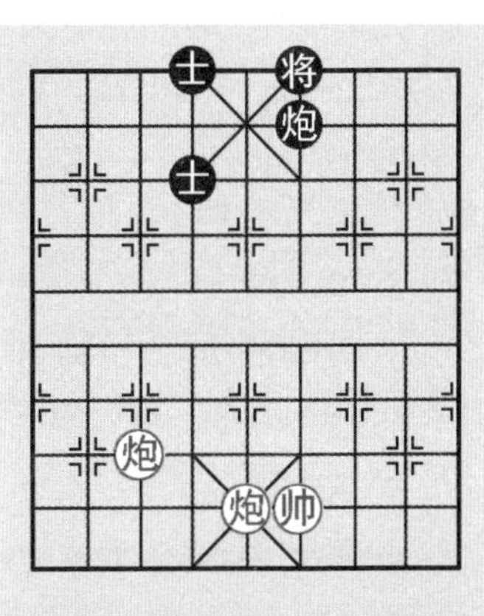

图5-1

1.炮七进六　　将 6 平 5
2.帅四进一　　炮 6 进 1
3.炮七退八　　将 5 进 1
4.炮七平五　　将 5 平 6
5.炮五平四　　士 4 进 5
6.帅四平五　　炮 6 平 8
7.炮五平四　　（红胜）

如改走炮6进1,则炮七退八士4进5,炮七平四将6进1,帅四进一将6退1,炮五进二,红方得子胜。

进帅不单纯是停着,而且有抢占中路的用意,同时也赢得了时间。否则,容易成如下的错误走法:炮七退八将5进1,帅四进一炮6退1,炮七平五将5平4,帅四平五士4退5,和棋。

此炮进而复退,运用自如是取胜的关键。

如改走将5平4,则帅平中之后,再平炮将军可以构成重炮杀。

捉吃

用己方棋子直接威胁对方棋子,叫作"捉吃",简称"捉"。

"捉"的应用很广,实用价值也较大。善于运用捉,常能获得主动权,是争先取势的重要手段。有计划地设计出周密的方案,切实地吃到对方的棋子,这样的捉吃一般说来都会有所效益。

如图5-2,黑卒只要与红兵兑掉,便可以形成和棋。为了破坏黑方的意图,红方采用迂回运马的办法,连续捉吃,分别对黑方的卒、象、士予以袭击,各个击毙。

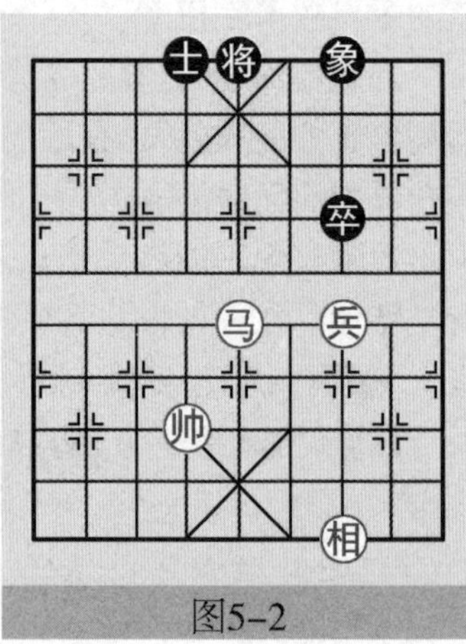

图5-2

1. 马五进四　　士4进5
2. 相三进一　　士5进6
3. 马四进六　　将5平4
4. 帅六平五　　象7进9
5. 马六退五　　卒7进1
6. 马五进四　　卒7进1
7. 相一进三　　象9退7
8. 马四进三　　(红胜)

如改走:甲、将5平6,则马四退六,象7进9,马六进五,将6平5,马五退三,红胜;乙、象7进5,则相三进一,将5平6,马四退六,象5进3,马六退四,红胜。

如改走士5退6,则马四进六,将5平4,帅六平五,象7进9,马六进四,士6进5,马四退三,红胜。

如改走象7进5,则马六进八,将6平5,马八退七,将5进1,马七进五,红胜。

如改走将4平5,则帅五平六,卒7进1,兵三进一,象9进7,马五进四,将5进1,马四退三,红胜。

围困

能迫使对方的一个或几个棋子就范,使其活动范围越来越窄小,叫作"围困"。

它相当军事术语中所说的包围。因此,围困也应有自己的包围圈,这就要靠各种子力的联合行动来完成。

当针对某一对象进行围困时,首先要设计一个完整的方案——一个理想的包围圈。然后,再利用各种战术手段的综合措施来完成。由此可见,"围困"与各种战术技巧密切相关。

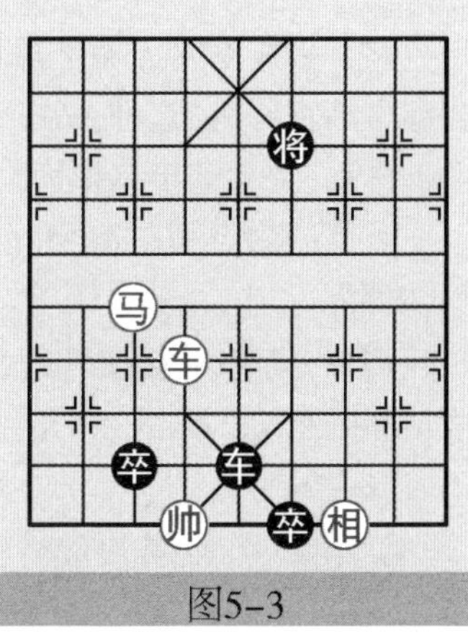

图5-3

如图5-3,是车马冷着,红方采用围困之法解脱了黑方虎视眈眈的威胁,然后弈出冷着,车马迂回得车而胜。

1.马七进六	车6退5	2.相三进五	卒3平2
3.帅六进一	卒2平3	4.帅六进一	卒6平5
5.相五进三	卒5平6	6.马六进五	将6退1
7.马五退七	车5平6	8.马七进六	将6退1
9.马六退五	将6平5	10.马五进三	车6退2
11.车六进六	将5进1	12.车六退一	将5退1
13.车六平四	(红胜)		

被逼无奈。如改走将6平5,马六进七,将5退1,车六进五,将5进

1，车六平四，杀棋。

如改走卒6平5，则帅六平五，将6平5，帅五平六，车5平6，马六进七，将5平6，马七进五，红胜。

飞相可以解除后顾之忧，为进攻创造条件。

身手不凡，伏有马五进三的绝杀。

如改走将6进1，则车六进五，将6进1，马五进六，绝杀无解，红胜。

阻　挡

用己方棋子阻挡对方某子，使之不能通过，叫作"阻挡"简称"阻"。

它是采用给对方制造障碍的方法，来扩展自己的势力，这种方法有气势逼人的进攻作用，常常立竿见影而影响全局。

阻挡的内容很丰富，有拦挡、阻击、阻碍、阻隔等，其技巧各异，富有艺术魅力。在残棋中，经常用它破坏对方的阵容，构成精彩的杀势。因此，它是排局大师手中不可缺少的材料。

如图5-4，本局的最后一着，巧妙的飞相阻挡，以停着取胜。题名"一夫当关"。

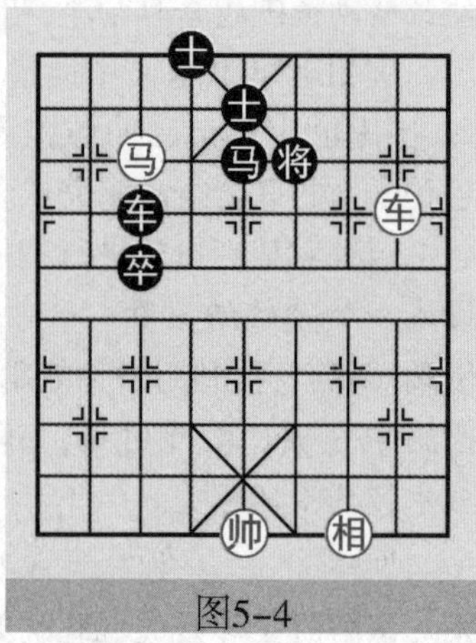

图5-4

1.马七退五	将6退1		
2.车二进二	将6退1		
3.马五进三	马5退7	4.车二平三	车3平7
5.相三进五	卒3进1	6.相五进七	车7进6
7.帅五进一	车7退6	8.相七退五	车7进5
9.帅五退一	车7退5	10.相五进三	（红胜）

如改走车二进一，则将6退1，车二平五，卒3进1，红方虽有优势，但不易取胜。

如改走将6进1,则马五退三,车3平7,车二平三捉死车,形成车胜马双士的残局。

如改走将6平5,则车二进一,士5退6,车二平四,杀棋。

被逼无奈,只得送卒。如改走士5进6,则车三进一,将6进1,车三平四,将6平5,车四退二,形成车马胜车卒士残棋。

至此,一红相挡车,黑方所有子力均被禁锢,红方胜定。

闪　露

把在一条线上的两个棋子走开一个,使另一个闪露出来叫作“闪露”,简称“闪”。

它是运用分离法,使己方受到障碍的子力得到疏通。这种战术,具有很大的能量,其能量一旦被释放出来必将给对方以沉重的打击。

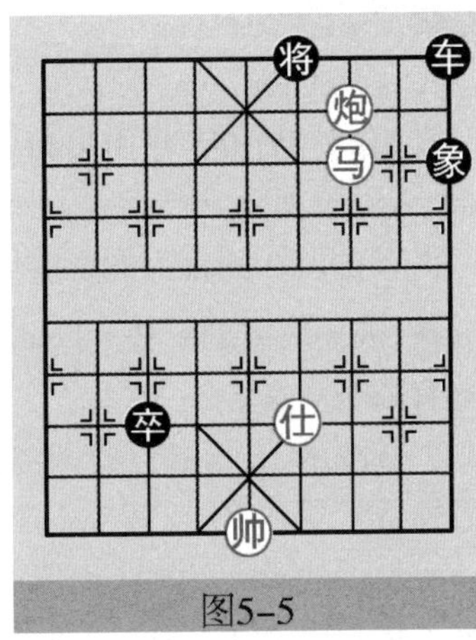

图5-5

在实战中,这一技巧已被引伸应用。例如为了控制某条线路,事先将自己多余的子力有目的地闪开,就是含意深刻的闪露。又如,为了打击对方的暗子,设法将对方遮挡的棋子逼走,暴露对方,是逼闪法,也属于闪露的范畴。众所周知,“抽将”的类型较多,其中“抽闪将军”与闪露密切相关,亦归此类。

如图5-5,“马炮抽闪”蕴藏着一定的能量,但必须闪动得准确,马与炮的力量才能充分发挥,进而战胜车卒。

1.炮三平六　　将6进1
2.马三进五　　将6退1
3.炮六进一　　车9进1
4.马五退三　　车9平7
5.炮六退八　　车7进1
6.炮六平四　　车7平6

7.炮四进六　　卒3平4

8.帅五进一　　(红胜)

抽闪到其他位置均不能取胜。仅举一例:炮三平二,将6进1,炮二退七,车9平5,帅五平四(若帅五平六,则将6进1,红方无法取胜),车5进8,炮二平四,车5平6,和棋。

正确的攻击,因势利导,可以困捉黑车。黑如改走甲:将6进1,则炮六退八,将6退1,马五退三,将6进1,炮六平四,杀棋;乙:象9退7,则马五退三,将6进1,炮六平一,得车胜。

拴　链

用己方的棋子使用限制的方法,间接地使对方的一个或几个棋子不得行动,叫作"拴链",简称"拴"。

它可以分散对方的兵力,妨碍对方子力之间的联系,限制对方子力的调遣,破坏对方的局势。因此,局部的拴链,有时可能成为争战的中心,而具有战略意义。

从战术上讲,必然要围绕着"造成拴链""利用拴链""破坏拴链""解脱拴链",等等,正反两个方面展开争战。

这一战术久已被人们所重视。如"铁门拴"杀法,就是中路拴链的典型。传说中文天祥所留下的遗局"马炮巧胜车士",就是拴链战术应用中值得赞赏的佳局。

如图5-6,红黑两方的子力虽然简单,但却互相纠缠。围绕着黑马的"拴链"与"反拴链"展开了一场殊死搏斗。

1.炮五退七　　炮4平6

2.炮五进二　　将6进1

3.马七退六　　炮6进1

4.帅四进一　　炮6退1

5.炮五退三　　将6退1

6.马六进五　　炮6平7

7.马五退三　　将6进1

8.炮五平四　　炮7平6

9.炮四进四　　（红胜）

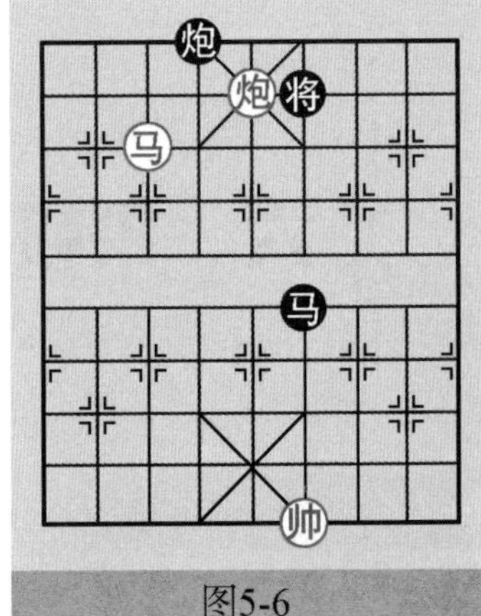

图5-6

退炮到这个位置，可以防止黑子解脱。

被逼着法。如改走炮4进6，则马七退六，红胜。

进炮好棋，往往出乎意料。红如改走甲：马七退五，则将6进1，帅四进一，炮6进1，炮五退一，炮6退1，局势复杂；乙：帅四进一，则将6进1，马七退六，炮6平5，炮五进五，将6退1，红方不易进取。

六、象棋排局解读与赏析

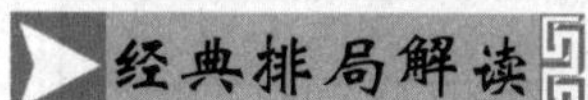

经典排局解读

(一)十谒朱门

〔局名释义〕

谒:拜见。朱门:旧时官邸大门多为红色。形容多次求见官员而遭拒绝,久访官员不遇,或怀才不遇。元代佚名《渔樵记》二:“则他这一方市户有那千家闭,抵多少十谒朱门九不开。”

〔局名联系〕

本局红方十子轮番照将,最后以一兵照将获胜。“十谒朱门九不开。”本局题名,有画龙点睛之妙。

〔棋局出处〕

本局选自《梦入神机》第一百十九局。

原谱着法:(如图 6-1)

1.兵四平五	车 7 平 5	2.兵六平五	士 4 进 5
3.马二进三	将 5 平 4	4.前车进三	车 1 平 2
5.马八进七	将 4 进 1	6.马七进八	将 4 退 1
7.炮九进二	象 5 退 3	8.马八退七	将 4 进 1
9.马七退五	将 4 进 1	10.马五退七	将 4 退 1
11.马七进八	将 4 进 1	12.车八平六	卒 5 平 4

13.马三退四	将4平5	14.炮九退二	象3进1
15.兵五进一	将5平6	16.兵五进一	将6退1
17.兵五平四	将6进1	18.马八退六	马3退4
19.炮八平四	马8退6	20.马四进六	马6进4
21.兵三平四	炮1平6	22.兵四进一	(红胜)

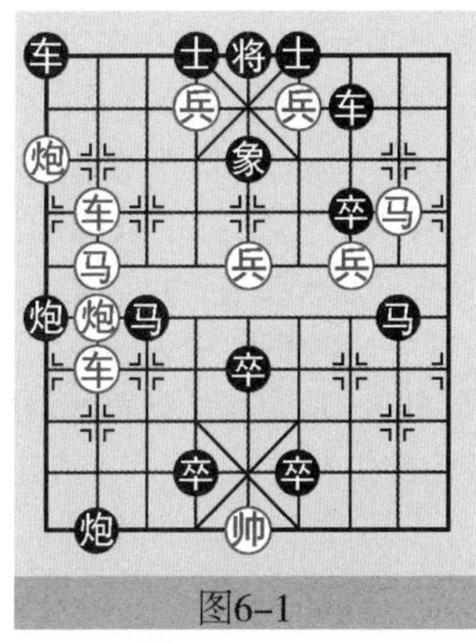
图6-1

底线弃车,妙。先弃后取,使黑方右路空虚,为以后的连将敞开大门。若改走车八平六,则马3退4,炮八平六,马4进2,炮九平六,马2进4,炮六退六,马4进2,黑胜定。

以车喂卒,使红帅露头,中兵可以发挥更大作用。如改走马八进七,则将4退1,马七退八,将4退1,黑胜。

弃炮照将,又是一步深谋远虑的好着。若直接走兵五进一,则将5平6,以下红有两种着法均不能取胜:

其一,炮九退二,将6退1,炮九进一,士5进4,马八进六,士6进5,马六进八,将6退1,红没有连将,黑胜。

其二,兵五进一,象3进5,马八退六,马3退4,炮八平四,马8退6,马四进六,马6进4,兵三平四,炮1平6,兵四进一,将6退1,炮九退一,士5进4,黑胜。

黑如改走士5进4,则马八进七,士4退5,马七退六,红速胜。

如改走将6退1,则炮八进四,士5进4,马四进五,红速胜。

〔棋局简评〕

本局是一则连将取胜排局。红方从一开始就步步照将,直至结束。如水银泻地,弈来流畅。红方十子,个个起到照将作用,最后以兵取胜。在连照胜棋局中亦可称得上是一局佳作。

〔棋谱介绍〕

《梦入神机》是我们现在所见到的最早的象棋谱。它在明朝的时候就已成为秘本,出版日期已难考证。公元1570年出版的《适情雅趣》引文中曾说:“梦入神机善本,如膺拱璧……”这就是说《梦入神机》远比《适情雅趣》出版早得多。1949年静海郑国钧在市集上获得明版《梦入神机》一、二、三卷残本,有局二百八十五图,异乎原谱著者姓氏及序、跋等均没见到,可惜得很。据说原书共有十二卷,可见《梦入神机》规模之巨大,材料之丰富。可惜现在只剩下一鳞半爪,令人惋惜。郑得残谱后,又送给福州象棋月刊主编林幼如,林去逝后,其外甥程法培慷慨将谱交人翻印流传,受到棋界赞颂。《梦入神机》残本二百八十五图,删去与《适情雅趣》雷同的棋局,尚余一百四十四图。1985年10月,已由丁章照、金启昌修订,蜀蓉棋艺出版社出版。

(二)金蝉脱壳

〔局名释义〕

金蝉:昆虫名,即“知了”。壳:坚硬的外皮。蝉变为成虫时要脱去幼虫的壳。比喻用计脱逃而不使对方发觉。《西游记》第二十四:“这个叫做‘金蝉脱壳计’,他将虎皮盖在此,他却走了。”亦作“脱壳金蝉”。见《元曲选·关汉卿〈谢天香〉二》:“便使尽伎俩,千愁断我肚肠,觅不的个脱壳金蝉这一个谎。”

〔局名联系〕

本局首着如走红炮沉底,可以形成车炮抽将的局势。但是黑有献车的妙手可以解杀还杀。原谱首着走炮一平三打车,一子位置的变动,立即变换成另一种形式的车炮抽将局势,可以带抽解杀。如金蝉脱壳,切合局意。

〔棋局出处〕

本局原载《百变象棋谱》第二十六局。

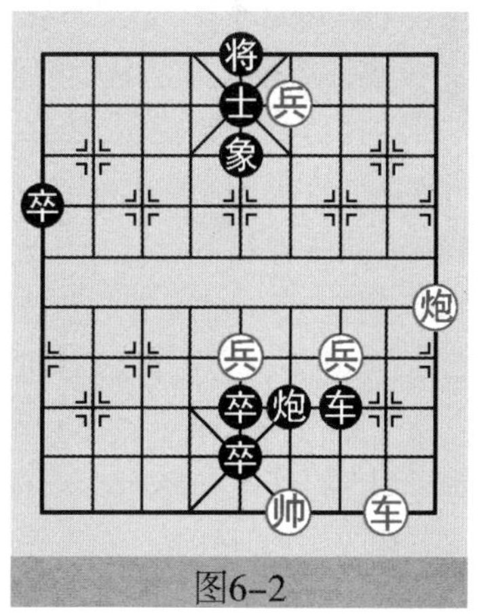

图6-2

原谱着法：(如图 6-2)

1.车二进九	士 5 退 6
2.炮一平三	车 7 退 1
3.炮三进五	车 7 退 6
4.车二平三	炮 6 退 2
5.兵四进一	将 5 平 4
6.兵四平五	将 4 进 1
7.车三平四	后卒平 6
8.车四退五	卒 6 进 1
9.车四退三	卒 5 平 6
10.帅四进一	（和局）

红棋另有两种着法均负：

其一，炮一进五，车 7 进 2，车二平三，炮 6 退 2，车三平二，后卒平 6，黑胜。

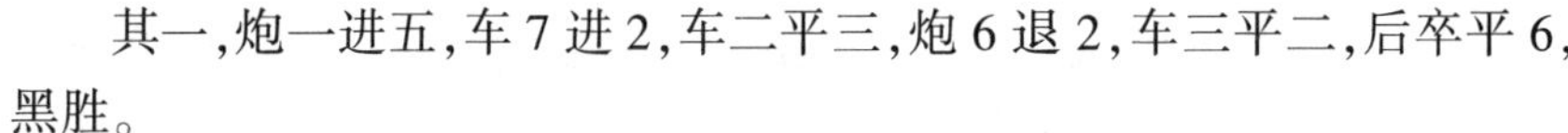

其二，炮一平五，将 5 平 4，兵四平五（若车二进九，则士 5 退 6，黑胜），炮 6 退 7，兵五进一，将 4 进 1，车二进八，将 4 进 1，黑胜。

黑棋退车吃兵，是一步错失胜机的软着。正确的着法应改走象 5 进 7，则炮三退二，炮 6 退 1，兵四进一，将 5 进 1，车二退一，将 5 进 1，车二平四，后卒平 6，车四退五，卒 6 平 7，车四退二，卒 5 平 6，帅四进一，卒 1 进 1，兵三进一，象 7 退 9，兵五进一，卒 1 进 1，兵五进一，卒 1 平 2，兵五进一，将 5 退 1，兵五平四，卒 2 平 3，后兵平三，卒 3 进 1，前兵平二，卒 3 平 4，兵三进一，卒 4 进 1，兵三平四，卒 4 平 5，后兵平五，卒 7 进 1，帅四退一，卒 5 进 1，黑胜。

以车换炮，必走之着。若误走士 6 进 5，则炮三退二，士 5 退 6，兵四进一，将 5 平 4，兵四平五，将 4 进 1，车二退一，连杀红胜。

红如误走车三退五捉炮，则炮 6 退 1，兵四进一，将 5 平 6，黑胜定。

如改走卒 6 平 7，则车四平三，卒 7 平 6，车三退三，车换双卒亦和局。

〔棋局简评〕

本局按第二种着法,可以弈成黑胜,实是一则红先黑胜局。在此以后出版的《竹香斋象戏谱》第二集第六十局“步步生莲”,《百局象棋谱》第七十四局“红娘脱衣”,均已删去了黑方1路的边卒,都可弈成和局。

〔棋谱介绍〕

《百变象棋谱》是一本古老的木刻象棋排局谱。初版是何年代问世,尚未有考证查实。目前存世最早版本是明朝嘉靖元年(公元1522年)“按式重刊”本,距今也已有四百八十年左右。编者祖龙氏。全书共有排局七十局,其中和局六十二局,红胜八局。《百变象棋谱》是目前现存完整的棋谱中最早的一本棋书。

(三)三顾草庐

〔局名释义〕

顾:拜访。草庐:用稻草和竹子盖的房子。

诸葛亮躬耕南阳,刘备为了请他出来帮助自已,和自己的结义兄弟关羽、张飞三人,三次到诸葛亮住的草庐中去拜访他。后用此典故表示帝王对臣下的知遇,也比喻诚心诚意地邀请或过访。

典出三国诸葛亮《出师表》:“先帝不以臣卑鄙,猥自枉屈,三顾臣于草庐之中。”

又见《晋书·庾阐传》:“夷吾相桓,汉登箫张,草庐三顾,臭若兰芳。”

此典亦作“三顾茅庐”。语见元代无名氏《醉写赤壁赋》一折:“不肯去兰省一朝登北阙,便想这茅庐三顾到南阳。”

元代马致远《荐福碑》一折:“我住着半间儿草舍,再谁承望三顾茅庐。”

明代陶宗仪《辍耕录·丘真人》:“岂不闻渭水同车,茅庐三顾之事,奈何山川悬阔,有失躬迎之礼。”

〔局名联系〕

这是一则以图谱上的子力布置,并结合棋局着法,局名提得非常形象化。红方作战主力双车一炮,比喻刘、关、张。把黑将比作诸葛亮。棋局一开始,红方双车一炮频频照将,如拜访诸葛亮。特别红方三路车,三次沉底照将,非常形象而又生动地体现“三顾草庐”之题意。

〔棋局出处〕

“三顾草庐”局原载 1800 年由云间薛丙编著的《心武残编》第一百二十二局。

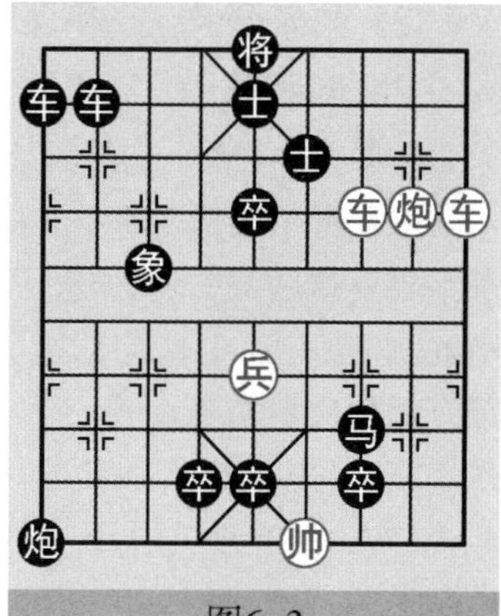
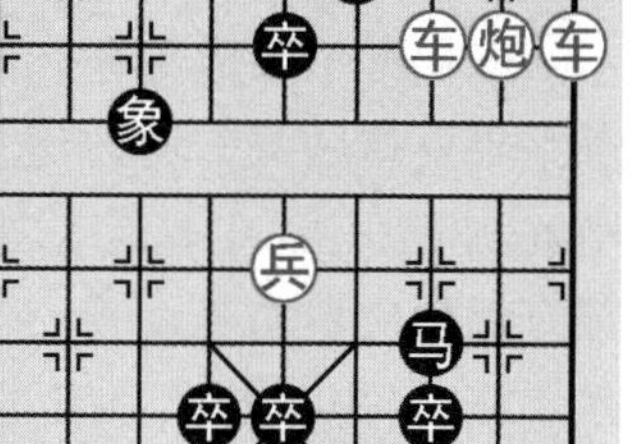
图6-3

原谱一本着法:(如图 6-3)

1.车一进三　士 5 退 6
2.炮二进三　士 6 进 5
3.车三进三　士 5 退 6
4.车三退七　士 6 进 5
5.车三进七　士 5 退 6
6.车三退八　士 6 进 5
7.车三进八　士 5 退 6
8.车三退三　士 6 进 5
9.炮二退七　士 5 退 6　10.车三平五　象 3 退 5
11.车五进一　将 5 平 4　12.车五平六　将 4 平 5
13.炮二平五　车 2 平 5　14.车一平四　将 5 平 6
15.车六进二　车 5 退 1　16.车六平五　将 6 进 1
17.车五退一　将 6 退 1　18.车五平九　炮 1 平 3

以下有车九平七和车九退八两种变化,现分述如下。

第一种

19.车九平七　炮 3 退 1　20.车七退七　卒 4 平 3
21.兵五进一　卒 3 平 4　22.兵五进一　卒 4 进 1
23.兵五进一　卒 4 平 5　24.炮五退二　卒 5 进 1
25.帅四平五　士 6 退 5　(和局)

第二种(如图 6-4)

19.车九退八　炮 3 退 1
20.车九平七　卒 5 平 6
21.帅四平五　士 6 退 5
22.炮五平四　炮 3 退 1

23.车七平九　　炮3退5

24.车九进六　　卒6平5

25.帅五平四　　卒4进1

26.车九退六　　炮3进7

（黑胜）

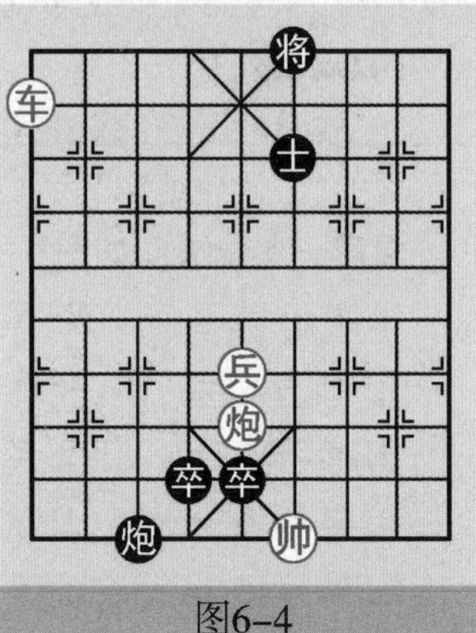

图6-4

红棋平车跟炮实是一步劣着，该胜不胜结果反遭败局。应改走兵五进一，卒5平6，帅四平五，士6退5，炮五平四，以下黑有两种应着均负。

其一，炮3退1，兵五进一，炮3平5，车九进九，将6进1，兵五平四，士5进6，车九退一，将6退1，车九退一，将6进1，车九平四，将6平5，车四进一，将5退1，车四退二，炮5退5，车四平六，卒4平5，帅五平六，卒6进1，炮四平五，炮5平7，车六平五，将5平6，炮五平四，炮7平6，车五退五，红胜定。

其二，炮3退6，兵五进一，卒4平5，帅五平六，卒6进1，兵五平四，炮3平6，炮四平五，炮6平8，车九进九，将6进1，车九平二，炮8平7，兵四平三，炮7平4，车二退八，炮4退1，车二平五，士5进4，炮五平六，红胜定。

此时红如改走兵五进一则为时已晚，以下黑炮3平5，车七进九，将6进1，车七退三，卒4平5，帅五平六，卒6进1，车七平四，士5进6，车四平一，士6退5，车一退六，卒6平5，车一平五，炮5进2，兵五进一，炮5退5，以下黑胜定。

黑如改走将5进1，则车一退一，将5进1，炮二退二，士6退5，车三进一，士5进6，车三平四，红胜。

先弃象挡车，使红车吃象后底头，要着。如直接走将5平4，则车一平四将4进1，车五平六将4平5，炮二平五红胜。

应改走卒4进1，车七退八卒4平3，兵五进一卒3平4，兵五进一卒4平5，炮五退二卒5进1，帅四平五士6退5，才可弈成和局。

上一步黑棋退炮，实是一步败着，应改走卒4进1，及时兑去红车，可弈成和局。所以这一步红棋退车吃炮，失去了一次获胜的良机。应改走车七退二卒5平6,帅四平五士6退5,车七平四将6平5,兵五进一卒6平5,帅五平四将5平4,炮五进六卒5平6,车四退五炮3平6,帅四进一将4平5,炮五平三,再退炮打卒红胜定。

〔棋局简评〕

"三顾草庐"局黑方兵力雄厚,红帅岌岌可危。棋局一开始红方双车一炮连照十七步,气势宏大。特别第十七照红棋车五退一送入黑方将、士、车三子口中献吃,石破天惊,其妙无比,死而复生反得黑车而解危局。本局图谱正确,原谱着法有错。根据注释的改正着法,仍可弈成和局。

〔棋谱介绍〕

《心武残编》最初出版于清嘉庆五年(公元1800年),由云间薛丙辑著,六年后又重新补遗。是最享盛誉的象棋排局古谱,是清代四大象棋名谱之一。全书共分六卷,前二卷刻印棋局图谱,后四卷刻印着法。全书共收入排局一百四十八局,大都为当时流行的谱。着法深奥,图谱奇特。全国仅存原版本三部,已成为珍稀秘本。现由上海蒋权、朱鹤洲、富阳裘望禹等诠注,蜀蓉棋艺出版社1990年1月出版。

(四)请君入瓮

〔局名释义〕

典出《资治通鉴·唐纪·则天皇后天授二年》:武则天时,周兴和来俊臣都是当时的酷吏。一天有人告了当时官居文昌右丞的周兴与丘神勣通谋,武则天命来俊臣审问。来俊臣假意同周兴喝酒,问周兴:"犯人不肯招供,逼供最好用什么刑?"周兴说:"这很容易,取一大坛子,把犯人装进去,架起炭火来烧,什么事情犯人都会承认。"来俊臣按周兴的办法,在大坛子周围点上炭火,说:"有内状推兄,请君入之瓮。"意思是有宫里的命令,要我审问老兄,请老兄进瓮吧。后来就用"请君入瓮"比喻用某人整别人的办法来惩罚他自己。

〔局名联系〕

红方通过一系列着法,把黑将逼入自己的双士之间,如入瓮中,被红炮闷死。着法精巧,主题明确。

〔棋局出处〕

本局选自《烂柯神机》第一百零六局。

原谱一本着法：(如图 6-5)

1.车五进一	将 6 平 5	2.马一进三	将 5 平 6
3.车八平四	将 6 平 5	4.车四退一	将 5 进 1
5.炮四平五	象 5 退 7	6.马三退五	将 5 平 4
7.车四进一	士 4 进 5	8.炮五平六	(红胜)

弃车好棋，由此车马炮联手入局。若改走车五平四，则将 6 平 5，炮四平五，士 4 退 5，车四平五，士 4 进 5，车八平五，将 5 平 6，车五进一，炮 1 平 5，黑胜。

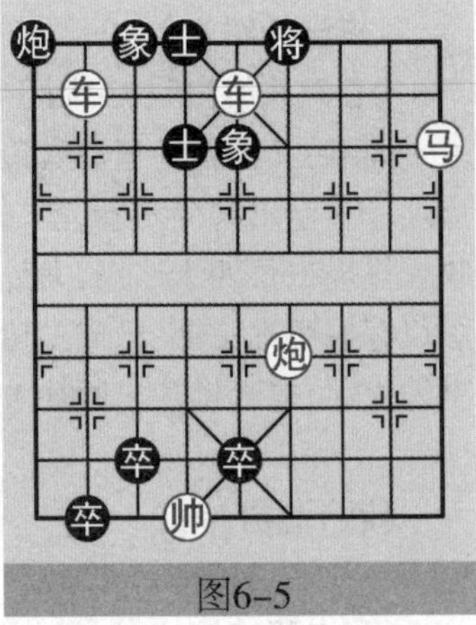

图6-5

也可改走车四退三，则将 5 进 1，马三退四，将 5 退 1，马四进六，将 5 进 1，炮四平五，将 5 平 4(若象 5 退 7，则车四进三将 5 进 1，马六退五，红胜)，车四进三，士 4 进 5，车四平五，将 4 退 1，炮五平六，亦红胜。

把黑将逐步逼入瓮中。

关死瓮口，瓮中捉鳖。

〔棋局简评〕

《象棋谱大全》中此局列为第四十三局。本局着法虽然简短，但车马炮三子联攻很有实用价值。

〔棋谱介绍〕

《烂柯神机》公元 1844 年出版，著作者于国柱。有“自序”和“例言”各一篇。全书共四册，有排局一百二十则，均系红胜小型棋局，着法较为浅易。1926 年出版的《象棋谱大全》初集也将《烂柯神机》选编了一百十二局。由于原谱错误较多，谢侠逊做过修订。

(五)百川归海

〔局名释义〕

川:江河。所有的江河最终都要汇入大海。比喻人心所向,众望所归或大势所趋。汉·刘安《淮南子·汜论训》:“百川异源,而皆归于海。”

〔局名联系〕

本局自始至终红黑双方都在不断地交换子力,兑尽主力而成和局。“百川归海”的局名可能由此而命名。

〔棋局出处〕

本局选自《蕉竹斋象棋谱》第五十五局。

原谱一本着法:(如图6-6)

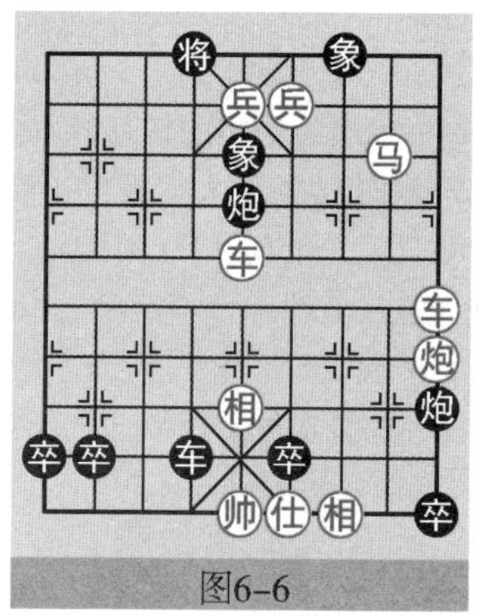

图6-6

1.炮一平六	车4退2	2.仕四进五	车4进2
3.车一平六	车4退3	4.车五进一	卒2平3
5.车五平四	卒3平4	6.车四退五	卒4平5
7.帅五进一	车4进3	8.帅五退一	车4平6
9.相三进一	卒1平2	10.兵四进一	车6退8
11.马二进四	象5进3	12.相五进七	车6进1
13.兵五平四	将4进1	14.相一进三	(和局)

首着红如改走车一平六，则车4退3，炮一进六，象7进9，兵四进一，象5退7，兵四平五，炮5退3，兵五进一，将4进1，仕四进五，车4进3，相五进三，卒6平5，车五退四，车4进1，黑胜。

黑如改走卒2平3，则车一平四，炮5平2，车四退三，炮2进6，仕五进六，卒3进1，帅五进一，车4进1，相五进三，车4进2，车四进四，红胜。

黑棋平卒，伏有暗杀。若另有车4进3，则车五平六，车4退5，兵四进一，红胜。

平车守肋，要着。若改走兵四进一贪胜，则卒6平5，帅五进一，卒3平4，帅五退一，卒4进1，帅五平四，车4平6，黑胜。

若改走象7进9，则马四退五，绝杀红胜。

〔棋局简评〕

古谱中和本局相似的图谱颇多，但布子不同，着法也有异，可能是从古局中派生出来的孪生局。

〔棋谱介绍〕

《蕉竹斋象棋谱》是一本编而未印的排局抄本。原谱无序、跋和编者姓名，惟卷首有《蕉竹斋象棋谱》六个大字及“宣统庚戌菊月抄”八小字。全书共分为四卷，抄有棋局九十七局，以江湖排局为主。此谱最早在福州发现。《蕉竹斋象棋谱》还有多种手抄本流传，此谱因有棋局九十七局，故称九十七局本。另外还有三十七局本，三十三局本，二十一局本流传。1989年4月由上海蒋权等综合多种手抄本，进行整理，精心诠注，于1991年6月由北京人民体育出版社出版。

（六）一矢双雕

〔局名释义〕

天上有两只大雕正飞着争肉。有人给北周长孙晟两支箭，让他把两只争肉的大雕射下来。他骑马赶去，发一箭就射下了两只争在一起的大雕。典出《北史·长孙晟传》：“尝有二雕飞而争肉，因以箭两只与晟，请射取之，晟驰往，遇雕相攫，遂一发双贯焉。”宋·陆游《遣兴》诗：“壮年一箭落双雕，野饷如今撷药苗。”又见《官场现形记》第十二回：“因为凤珠也是十六岁的人了，胡统领早存了个得陇望蜀的心思，想慢慢地施展他一箭双雕的手段。”“一箭双雕”原指箭法高明，发一箭能射中两只雕。后来比喻为做一件事而达到两方面的目的。

〔局名联系〕

本局将红方双车比作“双雕”。末后双车都被逼落底线保驾，如双雕落地。

〔棋局出处〕

本局选自《会珍阁象棋谱》第五局。

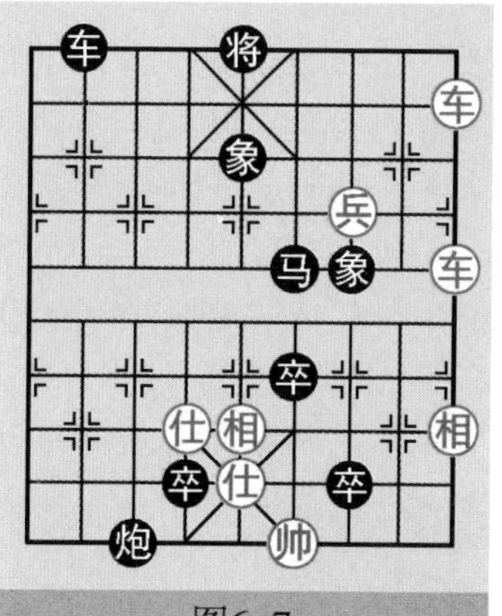

图6-7

原谱一本着法：(如图 6-7)

1.前车平七　象 5 退 7

2.车七退八　马 6 进 7

3.相一进三　卒 7 平 6　　4.帅四平五　马 7 进 8

5.车一退五　后卒进 1　　6.车一平二　前卒平 5

7.仕六退五　卒 6 进 1　　8.仕五进六　卒 6 进 1

9.车二平四　马 8 进 6　　11.帅五平四　车 2 进 6

12.帅四平五　车 2 平 8　　13.车七进九　将 5 进 1

14.仕六退五　车 8 平 6　　15.车七退三　(和局)

首着红如改走前车进一则象 5 退 7，前车平三，将 5 进 1，以下红有两种着法均负。

其一，车三平八，卒 4 进 1，相五退七，卒 7 平 6，帅四进一，马 6 进 7，帅四退一，马 7 进 8，帅四进一，卒 6 进 1，仕五进四，马 8 退 7，帅四退一，卒 4 平 5，黑胜。

其二，车三退一，将 5 进 1，车三平七，卒 4 进 1，车七退八，卒 7 平 6，帅四进一，马 6 进 7，帅四退一，马 7 进 8，帅四进一，卒 4 平 3，车一平三，车 2 平 6，车三平五，将 5 平 4，相五退七，卒 6 平 7，仕五进四，车 6 进 7，帅四平五，车 6 平 4，兵三平四，车 4 进 1，帅五退一，车 4 进 1，帅五进一，马 8 退 6，车五进二，将 4 退 1，兵四进一，马 6 退 4，帅五进一，马 4 进 3，帅五退一，车 4 退 1，帅五进一，车 4 平 6，黑胜。

如改走车一进四，则象 7 退 5，车七退八，马 6 进 7，车一平二，卒 7 平 6，帅四平五，车 2 进 8，仕五退六，后卒进 1，车七平九，车 2 退 8，以下红有

两种着法均负：

其一，相一进三，马7退5，相五进七，后卒平5，车二退八，马5进4，车二平四，卒4平5，帅五平四，前卒进1，黑胜。

其二，相五进三，马7退5，仕六进五，前卒平5，仕六退五，卒6进1，仕五进四，将5平4，车二退八，马5进4，相三退五，卒4平5，帅五平六，卒5进1，帅六进一，车2进8，黑胜。

弈至如图6-8形势时，红棋另有两种着法。

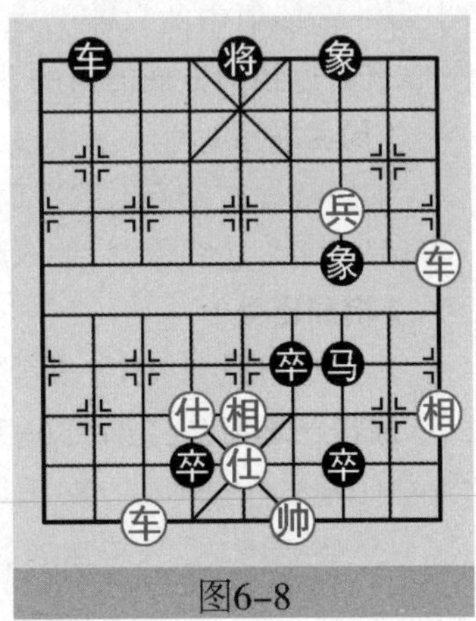
图6-8

其一，车一平三，卒7平6，帅四平五，马7进8，车三退五，卒6平5，仕六退五，卒4平5，帅五进一，车2进8，帅五退一，马8退6，帅五平六，车2退1，车七进一，车2平5，车七平六，车5平3，车六平五，将5平6，黑胜。

其二，车一退二，卒7平6，帅四平五，象7退5，车七平九，象5退3，车一进六，象3进1，车一平三，将5进1，车三退一，将5退1，车九平七，象1进3，车七平九，象3退1，车三平二，后卒进1，相一进三，前卒平5，仕六退五，卒6进1，仕五退六，车2进8，车九进七，卒4平5，仕六进五，卒6平5，帅五平四，车2进1，黑胜。

败着，导致以后弈成黑胜。正确的着法应改走仕五进四吃兵，则马8退6，车一进一，卒6平7，帅五平四，马6进8，车一进七，卒7进1，帅四进一，马8退7，帅四进一，马7退5，帅四退一，马5进4，以下红有两种着法，结果不同。

其一，车一退五，象7退5，车一平四，卒4平5，帅四进一，马4退5，车四平五，车2进6，黑胜定。

其二，帅四进一，马4退5，帅四退一，卒4平5，帅四平五，车2进8，帅五退一，马5进4，帅五平六，马4进3，相五退七，卒7平6，相七进五，车2退5，车一平六，车2平7，车六退四，和局。

黑棋过早兑子，失去胜机。应改走将5平6，则兵三平四，车2进3，兵四进一，象7退5，车七平九，象5退3，车九平七，象3进5，车二进一，车2平6,车二退一,车6退1,黑胜。

作者简介:

《会珍阁象棋谱》作者,系福州象棋名手林幼如,生于1920年,自幼聪明好学、酷爱棋艺,曾七次参加省赛,六次获得冠军,1956年曾代表福州参加首届全国棋赛,还被聘为省文史馆和省图书馆馆员,是历来排局作家中少有的殊荣。

林幼如自幼家贫,只读过几年私塾。但家学渊深,聪明过人,不但精通棋艺,而且对文学、书法、诗词、古籍都有很深的功底。1948年起曾独力创办《象棋月刊》,到1955年,前后共出版35期,为象棋月刊杂志的创办做出了巨大贡献。林幼如的棋艺知识非常渊博,不但能对局,而且对古谱研究,棋史考证,排局创作,残局编著,古谱收藏,开局著述,对局评解都有精辟的见解。他还编著过《建国象棋谱》《车马专集》《百局存真》《竹香拾遗》《适情雅趣拾遗》《桔秘拾遗》《文谱残存》《梅谱残存》《金鹏残存》《宋谱残存》《神妙残存》《梦入神机残存》《古谱纵读》《棋史研究》《三山舞象》《陶情佳品》等大量的象棋著作,是一位不可多得的象棋名家。惜乎林幼如因身残力弱,终生为棋艺而奋斗,一生清贫,在1962年不幸英年早逝,年仅42岁。

(七)曲径通幽

〔局名释义〕

曲:弯曲。径:小路。幽:深远幽静的地方。弯弯曲曲的小路,通向幽深僻静的地方。唐·常建《题破山寺后禅院》诗:“曲径通幽处,禅房花木深。”

〔局名联系〕

本局红马左盘右旋,特别是在黑方九宫之内,从黑将旁边,从右转到左,又跃回自己阵地捉车,再跳到对方擒将。“曲径通幽”,非常形象的比喻,既高雅,又富诗情画意。

〔棋局出处〕

本局选自《弈海烟波》第八十九局。

原谱一本着法:(如图6-9)

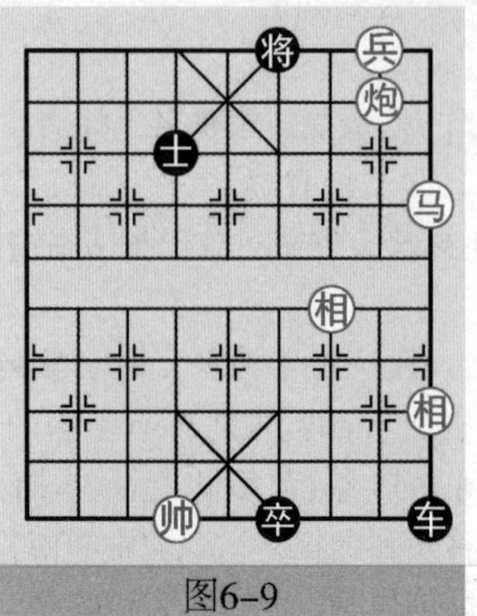

图6-9

1.兵二平三	将6平5	2.马一进三	将5平4
3.炮二进一	将4进1	4.炮二退四	卒6平5
5.帅六进一	车9退1	6.帅六进一	将4退1
7.马三退五	将4平5	8.炮二平五	士4退5
9.马五进三	士5进6	10.马三进四	将5进1
11.马四退六	车9平5	12.炮五退三	将5退1
13.马六退七	将5进1	14.马七退五	将5平6
15.马五进三	将6平5	16.马三退四	将5退1
17.马四退三	车5平7	18.马三进五	士6退5
19.马五进四	士5进4	20.马四进五	士4退5
21.马五进七	(红胜)		

黑若改走将6进1,则炮二平一,将6平5,马一进二,将5进1,炮一退八,得车红胜定。

黑如改走车9平8,则炮二进一,车8退9,兵三平二,卒6平5,帅六进一,卒5平6,相三退五,卒6平5,马三退四,士4退5,马四退三,士5进4,马三退二,将5进1,马二进四,卒5平6,帅六退一,将5退1,马四退二,捉死黑卒红胜定。

红方退炮,惟此一着才有胜机。如改走炮二退七,则卒6平5,帅六进一,车9退1,帅六进一,车9平5,炮二平五,车5平6,守住红兵,黑反优势。

退将正着。黑如急走车9平5,则相三退五,将4退1,马三退五,车5平8,炮二进四,车8退8,兵三平二,以下回马捉死黑卒,红胜定。

黑如改走将5平4,则兵三平四,绝杀红胜。

曲径通幽,颇堪玩味。获胜之关键。

路转峰回,又现奇观。妙不可言!

黑方平车及时。若改走将5退1,则兵三平四,将5平4,炮五平三,车9平5,炮三进四,车5退8,兵四平五,将4平5,马六退四,红胜定。

此后红方以马驱车,踏正马步,构成巧杀,弈来精彩纷呈。

〔棋局简评〕

“曲径通幽”是一则马炮冷着排局,极切实用。从构思,图谱,着法,到局名都很佳妙。红方马炮困车攻将,着法委婉曲折,深沉含蓄,通盘着法精彩可观,耐人寻味,予人以启迪,是排局创作中的精华。

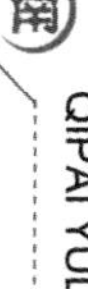

作者简介:

《弈海烟波》,蜀蓉棋艺出版社出版。作者张健麟,是上海的排局家,生于1941年。性格内向,为人正直,热情好客,不嗜烟酒,自幼聪明好学,棋艺出众,曾获上海市棋赛第五名。十三岁开始创作排局。文革前的《象棋》月刊,他是发表作品最多的排局家之一,以后在全国各棋刊杂志都有他的作品。张健麟作局技巧,达到了很高的水平,可谓炉火纯青。子少图美,用子精练,着法深奥,曲折起伏,构思精巧,富有棋趣,而又实用性很强。张身体虚弱,长期以来,日间带病工作,晚上抱病研棋,对排局棋艺的追求,精神可嘉。张健麟多次病重住院,在病床上坚持不懈地摆棋作局。1988年初,《弈海烟波》即将完稿之际,又一次病重入院。他在生命垂危之时,已不能起坐,只能趴在病床上完成了《弈海烟波》的最后修改工作而长眠不起。没有亲眼看到自己的著作出版,甚为可惜。

(八)赤兔追风

〔局名释义〕

赤兔:骏马名。《三国志·魏志·吕布传》:“布有良马曰赤兔。”追风:形容马跑得很快。《文选 · 曹植〈七启〉》:"驾超野之驷,乘追风之舆。"李善注:"超野,追风,言疾也。"

〔局名联系〕

这是一则马炮战胜十五子的趣味性排局。黑方只要有子能遮头,跳出中马即可多子取胜。红马进退纵横,八面威风,终于抢先叫杀获胜。"赤兔追风"局名切合。

〔棋局出处〕

本局选自《象棋与棋话》残局游戏第七十八局。

原谱一本着法:(如图 6-10)

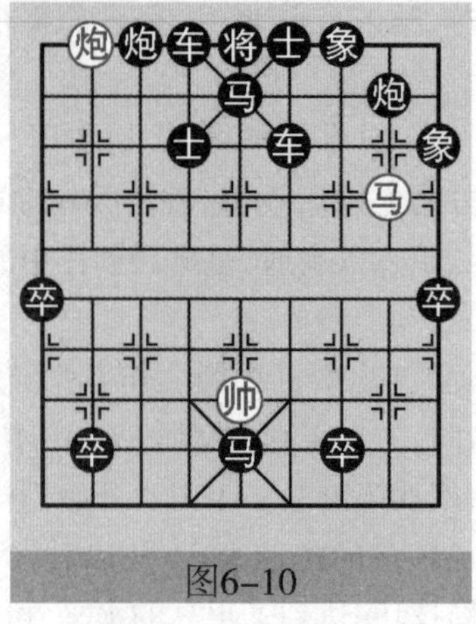

图6-10

1.马二进四	炮 8 平 6	2.帅五退一	象 9 进 7
3.马四退三	卒 9 平 8	4.帅五进一	象 7 进 9
5.马三进二	象 9 进 7	6.马二退四	炮 6 进 1
7.马四进六	(红胜)		

如改走卒 9 平 8,则马四退二,卒 8 平 7,马二进三,卒 7 平 6,马三退四,卒 6 平 5,马四进六,红方亦快一步胜。

先高帅避一手,平淡中的绝妙佳着。另有三种着法红棋均不能取胜:

其一,马三进四,卒 8 平 7,马四退二,后卒平 6,马二进三,卒 6 平 5,再中马跃出,黑胜。

其二,马三进二,炮 6 进 8,马二进三,卒 7 平 6,帅五进一,卒 8 进 1,马三退二,卒 8 平 7,马二进一,炮 6 平 7,马一退二,卒 7 平 6,马二退三,后卒平5,帅五平四,马5进3,黑胜定。

其三,马三进二,炮6进8,马二进三,卒7平6,帅五进一,卒8进1,马三退一,炮6平8,马一进三,炮8平6,马三退一,炮6平8,双方不变和局。

〔棋谱介绍〕

《象棋与棋话》,1941年世界书局出版,周家森编著,是一本综合性棋谱。内容庞杂,五花八门,有对局、开局、中局、残局、排局、棋话、棋联、棋规图解,还介绍与象棋无关的许多游戏棋,是一本早期的象棋初级教材。

(九)六出祁山

〔局名释义〕

典出《三国志》。蜀汉诸葛亮曾六出祁山攻魏。第一次建兴六年,亮攻祁山,战于街亭,因街亭失守而败回。同年冬,再领兵出散关,围陈仓。第三次建兴七年,遣陈式攻武都、阴平,亮自率军至建威。第四次建兴八年秋,魏攻汉中,亮屯军城固赤阪,魏军旋即撤退。次年春,亮再引军出祁山。最后一次,亮领军出斜谷。同年,死于五丈原。

〔局名联系〕

一开局,红方连续六步照将,比喻为"六出祁山"。第七步红车牺牲,如诸葛亮在五丈原归天。

〔棋局出处〕

本局选自《蕉竹斋象棋谱》第四十八局。

原谱一本着法:(如图6-11)

1.前车进四	士5退6	2.炮二进六	士6进5
3.兵四进一	将5平6	4.炮二退七	将6进1
5.后车平四	炮5平6	6.车一退一	将6退1
7.车四进三	士5进6	8.炮二平七	后卒平4
9.车一平六	卒4平3	10.车六退七	卒5平4
11.帅六进一	将6平5	12.兵七进一	象3进1
13.兵一进一	卒3进1	14.帅六进一	卒3平2

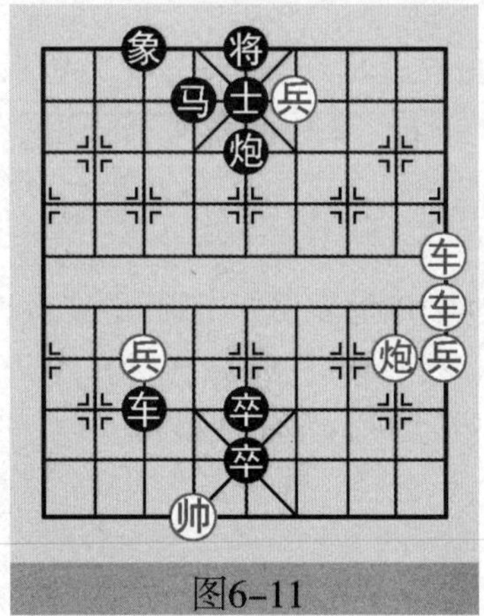

图6-11

（和局）

若改走炮二平五，则炮5平4，兵四进一，马4退6，后车平五，将5平4，车一平四，将4进1，炮五退二，卒5平4，帅六平五，车3进2，黑胜。

另如误走炮二平七，则士5退6，炮七退七，后卒平4，兵四进一，马4退6，前车平四，将5平6，车一平六，卒5平4，帅六平五，后卒平5，车六平五，卒5进1，黑胜。

同样打车，应改走炮二平七打象，一举两得。现退炮打车，失去可以获胜的机会。正确的着法是炮二平七，则将6进1，后车平四，炮5平6（若士5进6，则炮七退七，后卒平4，车一退一，将6退1，车一平六，红胜定），炮七退七，以下黑有两种着法均负。

其一，后卒平4，车一退一，将6退1，车四进三，士5进6，车一平六，卒4平3，车六退一，士6退5，车六平五，红胜定。

其二，马4进5，车一退一，将6退1，车四进三，士5进6，车一进一，将6进1，车一平六，马5进6，车六退一，士6退5，车六退四，马6退8，车六平五，马8进7，车五退一，士5进6，车五平三，后卒平4，车三平六，卒4进1，车六退二，卒5平4，帅六进一，红胜定。

以下红一路兵过河后，虽能帮助七路兵渡河，但红双兵难胜黑单士象卒，终是和局。

(十)梅花三六

〔局名释义〕

亦名“梅花三弄”“梅花三落”。民间乐曲,是江南丝竹的常用曲目之一。全曲分三段,最后殿以急板的尾声。每段后半部分曲调相同,称为“合头”。全曲主调出现三次,即取泛音三段。“寒山绿萼”为一弄,“姗姗绿影”为二弄,“三叠落梅”为三弄,最后以“春光好”收尾。过去常于民间喜庆场合演奏,曲调婉转流畅,洋溢着欢快的节日气氛。

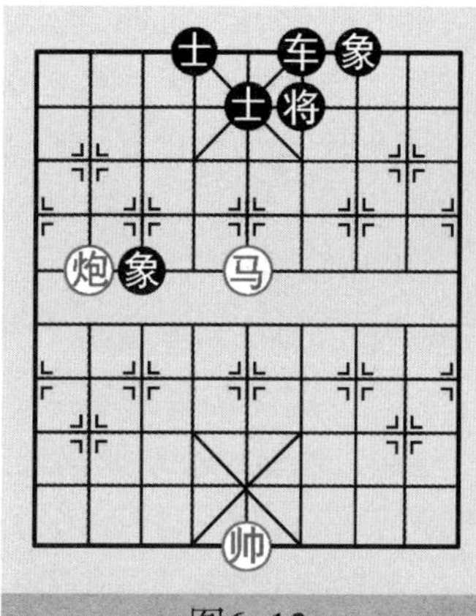

图6-12

〔局名联系〕

本局红方三子,黑方六子,合“三六”之数。也是按双方子数题的局名。

〔棋局出处〕

本局选自《北方棋艺》1983 年第一期。作者蒋权。

原谱一本着法:(如图 6-12)

1.马五进三	将6进1	2.马三进二	将6退1
3.炮八进四	象3退1	4.马二退三	将6进1
5.马三退四	将6退1	6.炮八退八	车6平5
7.炮八平四	士5进6	8.马四进五	将6平5
9.帅五平六	象1进3	10.马五进七	将5进1
11.炮四进一	象7进9	12.炮四平五	士6退5
13.马七退六	将5平6	14.炮五进七	象9退7
15.马六进四	象3退5	16.帅六平五	士5进4
17.马四进六	将6退1	18.马六进八	将6退1
19.炮五平三	象5退7	20.马八进六	象7进9
21.马六退七	象9退7	22.马七退六	将6进1
23.马六退四	将6进1	24.马四进三	象7进5

25.马三进五　将6退1　26.马五退三　将6退1

27.帅五进一　（红胜）

如改走象3退5,则马二退三,将6进1,炮八退一,士5进4,炮八平一,车6进1,马三退五,红速胜。

若改走车6平5,则炮八平五,象1进3,马四进三,象3退1,马三退二,象1进3,马二进四,将6退1,马四进六,象3退1,马六进八,将6进1,帅五进一,将6退1,马八进六,将6进1,马六退五,象1进3,马五退七,将6退1,马七进五,将6进1,帅五退一,士5进4,马五退三,将6退1,炮五退七,红炮脱身胜定。

出帅控制将门,紧着。若改走炮四平五,则象7进5,马五进七,将5平6,炮五进八,将6退1,红炮被捉死,和局。

等一着,逼黑象再远离一步,有助于入局。

如改走士6退5,则马七退六,将5平6,马六进四,将6平5,马四进三,将5平6,马三进五,红得车胜定。

如改走士5退6,则马四进六,象7进9,马六退五,将6退1,马五进三,将6进1,马三进五,红得象,炮可脱身,红胜定。

如改走将6平5,则炮五退二,象7进5,马八退七,捉死象,以下单马必胜单士,红胜定。

〔棋局简评〕

本局设计了一个黑车被困,马炮做杀的棋势,用子简炼,别具匠心。着法波澜起伏,全程分三个高潮。开始马炮配合默契,擒捉黑车。第二阶段,得车后红炮被陷,红马极力控制黑方士象,使黑棋无法吃炮。最后红单马擒单象。着法细腻,运马用炮严密有序,步步紧凑,残棋的技术性很强,予人以启迪。

(十一)匹马单刀

〔局名释义〕

原指古时打仗,一把刀,一匹马,独自一人上阵作战。比喻没有帮助,单独行动。也同“匹马单枪”或“单枪匹马”。五代,汪遵《乌江》诗:“兵散弓残挫虎威,单枪匹马突重围。”宋,释道原《景德传灯录·卷十二·汝州南院和尚》:“问:‘匹马单枪来时如何?’师曰:‘待我斫棒。’”

〔局名联系〕

这里把红方一车一马两个子题为局名。一看图谱,就知道“匹马单刀”局名的涵义。象棋中车的威力最大,把它比喻为一把刀,也是很恰当的。

〔棋局出处〕

本局选自《韬略元机》象棋谱卷三第三十五局。

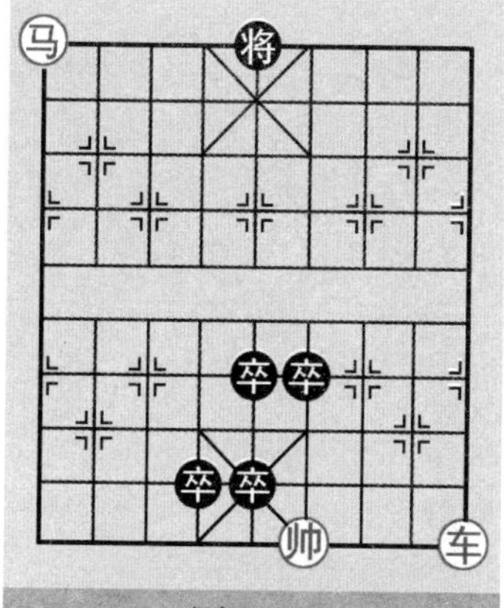

原谱一本着法:(如图6-13)

1.马九退七　　将5平4

2.车一进五　　将4进1

3.车一平六　　将4平5

4.马七退六　　将5退1

5.车六平五　　将5平6

6.车五退二　　(红胜)

图6-13

如改走将5平6,则马七退五,将6平5,车一进四,将5进1,马五进七,将5平6,马七进五,以下黑有两种应着均负。

其一,卒6进1,马五退六,将6平5,马六进七,将5平4,车一平六,红胜。

其二,前卒平6,帅四平五,将6平5,车一平五,将5平4(若将5平6,则马五退六,将6进1,车五进四,绝杀),马五退四,将4进1,马四退五,将4退1,车五平六,将4平5,车六退三,后卒进1,帅五平六,卒5进1,车六进七,将5退1,马五进四,将5平6,车六平五,绝杀红胜。

也可改走马七退六以下黑有两种应着均负:

其一,卒4进1,马六进八,将4平5,马八进七,将5退1,车一进四,红胜。

其二,将4进1,马六进八,将4平5,车一平五,将5平6,马八退六,将6退1,车五平四,红胜。

黑棋另有两种应着均负:

其一,将5平4,马六进四,将4平5,车六进三,将5进1,马四退五,卒6进1,马五进三,将5平6,车六退一,红胜。

其二,将5进1,车六平一,将5平4,马六进八,将4平5,车一平五,将5平4,马八进七,将4退1,车五平六,红胜。

缓着。应改走马六进四,以下黑有两种着法:

其一,将5平6,马四进二,将6平5,车六平五,将5平4,马二退四,绝杀红胜。

其二,将5进1,车六进三,将5进1,马四退五,卒6进1,马五进三,将5平6,车六平四,红胜。

原谱至此认为吃高卒即可取胜,其实是一步劣着。以下黑可接走卒5平6,帅四进一,卒6进1,帅四退一,卒6进1,帅四平五,卒6进1,反成黑胜。因此,这步棋应改走马六退四,将6进1,马四进三,将6进1,车五平四,将6平5,车四平九,将5平6,马三进四,将6退1,马四退二,将6平5,车九平五,将5平6,马二退三,将6退1,车五进三,这样红棋才可取胜。

〔棋局简评〕

车,四方皆顾。马,八面威风。两子联手,刚柔相济,可以弈出精妙无比的车马冷着。本局即是一则实用性很高的车马冷着胜局。车马步步做杀,使黑方无还手之机。这种车马联手的杀法,在实战残棋中也有很高的实用价值,不可不学。

(十二)黄盖诈降

〔局名释义〕

黄盖:三国时零陵泉陵(今湖南永州市)人,字公覆。初从孙坚起兵,为孙氏突将,曾多次进攻山越。后为武陵太守,官至偏将军。黄盖诈降发生在赤壁之战。黄盖向周瑜建议用火攻曹营。以苦肉计骗得曹操信任后,率满载薪草,灌有膏油的船只数十艘,到曹操营中诈降,乘机纵火,大破曹军。

〔局名联系〕

本局一开始,红方就主动向黑方献兵、献马、献炮、献相,似乎在向黑方表示投降的样子。其实红方一系列献子,其目的都是为了消灭对己方最具威胁的黑车。消灭了黑方主力军,为夺取最后胜利奠定了基础。犹如黄盖将满载薪草的船只冒作粮船向曹操诈降,而一举消灭了曹军主力,火烧赤壁,大获全胜。

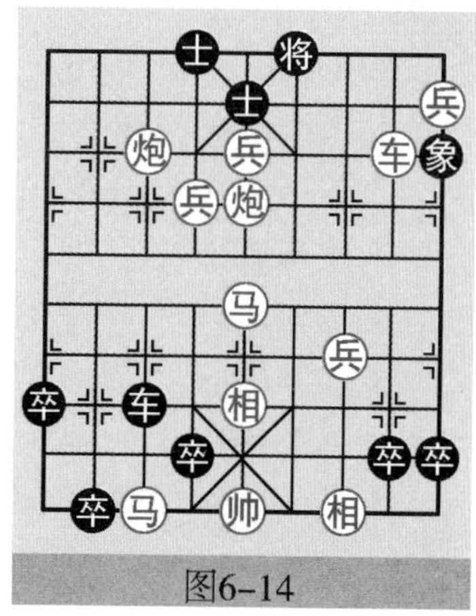
图6-14

〔棋局出处〕

本局原载《渊深海阔象棋谱》第二百九十五局。《百局象棋谱》第四十八局亦载有此局,名"馈礼求和"。但原局结论为红先胜,与"馈礼求和"的局名不太吻合。

原谱一本着法:(如图 6-14)

1.兵六平七	车 3 退 4	2.马五退七	车 3 进 3
3.炮五平七	车 3 退 3	4.相五进七	车 3 进 2
5.炮七进二	车 3 退 5	6.车二进二	将 6 进 1
7.兵五进一	士 4 进 5	8.车二平七	卒 2 平 3
9.车七退九	卒 8 平 7	10.车七进二	卒 1 平 2

劣着,该胜不胜,演变下去反而导致败局。正确的着法应改走炮七进二,红方仍可获胜。胜法详见图 6-15 着法。

黑棋进车吃相,也是一步劣着,错失了获胜的机会。此着应改走车 3 退 1,吃炮,则车二进二,将 6 进 1,兵五进一,士 4 进 5,兵一平二,车 3 平 5,相三进五,士 5 进 4,兵二平三,将 6 平 5,车二平四,卒 2 平 3,车四退八,卒 3 平 4,帅五平四,后卒平 5,车四平五,车 5 平 6,车五平四,卒 4 平 5,帅四平五,车 6 进 6,黑胜。

可直接走兵一平二,卒 7 平 6,兵二平三,将 6 进 1,车七进七,立杀,红胜。

原谱末着卒 1 平 2,可能是卒 9 平 8 之误。至此黑已无还手之力,红续走车七平四,士 5 进 6,兵一平二,卒 7 进 1,兵二平三,将 6 退 1,车四进五,红胜。

"黄盖诈降"局弈至如图 6-15 形势时,原谱走马五退七献,结果黑棋在第四回合时改走车 3 退 1 吃炮,弈成黑胜。如图 6-15 时红应改走炮七进二仍可弈成红胜。

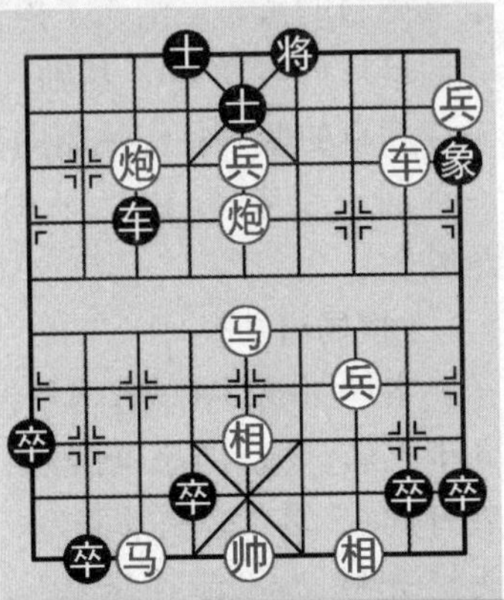

如图 6-15,着法如下:

图6-15

1.炮七进二	车 3 退 3		
2.车二进二	将 6 进 1		
3.兵五进一	将 6 平 5		
4.马五进六	将 5 平 6		
5.车二退一	将 6 退 1		
6.马六进七	士 4 进 5		
7.车二进一	将 6 进 1		
8.车二平七	卒 2 平 3		
9.炮五平六	卒 8 平 7		
10.马七退五	将 6 进 1		
11.车七退四	将 6 平 5	12.车七平五	将 5 平 4
13.车五平六	卒 3 平 4	14.帅五平四	后卒平 5
15.炮六平五	将 4 平 5	16.炮五退五	(红胜)

黑如改走将 5 平 4,则马六进八,车 3 进 2,车二退二,卒 2 平 3,车二平七,将 4 平 5,车七平六,卒 3 平 4,帅五平四,卒 8 平 7,车六退六,红胜定。

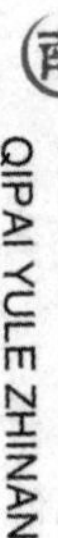

如改走象 9 进 7,则炮五平四,士 4 进 5,车二进一,将 6 进 1,车二平七,卒 2 平 3,炮四退六,卒 8 平 7,马七退五,卒 3 平 4,炮四平六,象 7 退 5,车七退三,卒 9 平 8,车七平六,红胜定。

如改走将 5 平 6,则相五进七,将 6 退 1,车五进三,将 6 退 1,车五退三,红胜。

〔棋局简评〕

本局一开始红方就用连续弃子的方法,使红帅露头,最终以抽吃黑车而获得胜利。图谱的设计确有一定的巧思。惜首着法有错,只要改正着法,仍可弈成红胜,也不失为一则佳局。

(十三)羊肠九曲

〔局名释义〕

羊肠:形容狭窄迂回的险峻道路。唐·李隆基《早登太行山中言志》:“火龙明鸟道,铁骑绕羊肠。”又见王维《燕子龛禅师》诗:“山中燕子龛,路剧羊肠恶。”九曲:弯弯曲曲的意思。也比喻事情的曲折复杂。《五灯会元》十八:“问:如何是大道之源?师曰:黄河九曲。”又见唐·高适《九曲词序》:“河图曰:黄河出昆仑山东北,……河水九曲,长九千里入于渤海。”“羊肠九曲”喻指崎岖曲折的小径和弯弯曲曲的河道,也指道路的艰难。

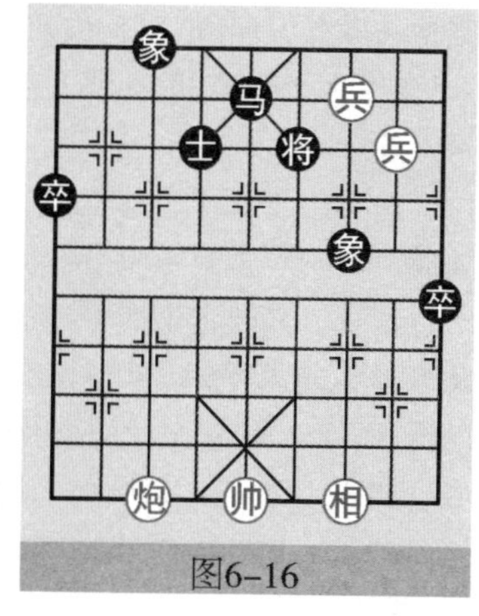

图6-16

〔局名联系〕

本局开首五个回合,红炮在黑方九宫边线,弯弯曲曲的绕圈而走,犹如行走在狭窄曲折的小径上。与“羊肠九曲”局名非常吻合。

〔棋局出处〕

本局选自1980年《北方棋艺》第一期,作者蒋权。

原谱一本着法:(如图6-16)

1.炮七进七	象3进5	2.炮七进一	象5退3
3.炮七平六	卒9平8	4.炮六进一	卒8平7
5.炮六平四	卒7平6	6.炮四退五	卒1进1
7.炮四平一	象7退9	8.炮一退四	卒1进1
9.相三进一	象9进7	10.相一进三	象7退9
11.帅五进一	卒1平2	12.炮一平五	象3进5
13.兵二平一	卒2平3	14.兵一平二	卒3平4
15.帅五进一	卒4进1	16.帅五退一	卒4平3
17.炮五平一	象5进7	18.炮一进八	卒3平4

19.炮一平五	卒4平5	20.兵二平三	将6平5
21.炮五退五	士4退5	22.帅五平六	士5退4
23.前兵平四	象7退9	24.炮五退三	象9进7
25.相三退五	(红胜)		

退象必走之着。另如改走卒9平8,则炮七平六,象5进3(若卒8平7,则兵三平四,再兵二平三绝杀),炮六进一,卒8平7,炮六平四(伏炮四退一杀),卒7平6,炮四退五,卒1进1,炮四平八,象3退1(若卒1进1,则炮八进五,红胜更速),炮八进三,象7退5,炮八进一,卒1进1,炮八平六,象5进7,炮六进一,卒1平2,炮六平四,卒2平3,炮四退一,再兵二平三杀。

送卒出于无奈。若改走卒7进1,则炮四退一,再兵二平三杀,红速胜。

正着。如改走炮四平八,则卒1进1,炮八进三,象7退5,炮八进一,象5进7,炮八平六,卒1平2,炮六进一,卒2平3,炮六平四,卒3平4,炮四退一,卒4平5,至此黑卒及时赶到中线,遮住帅头,再黑马跃出和定。

如改走卒1进1,则炮一进四打马,红速胜。

这是一步意境深远的妙着。若改走兵二平一吃象则黑马便可乘机跃出,和定。

如改走马5进7,则兵一平二,马7进8,炮五平一,象5退7,炮一进八,卒2平3,炮一平二,红吃马胜定。

连走两步等着,目的是迫使黑卒远离九宫,红炮才能平边打马入局。

〔棋局简评〕

本局最初发表于《北方棋艺》时,局名为"曲径通幽",也很切合图谱。因本谱前面已选有"曲径通幽"局,故改名为"羊肠九曲"。

本局着法既有排局的趣味性,又有残局的实用性。着法深奥而精妙。红炮绕走黑方宫底,多处隐藏着很深的杀机,不加细究,难以觉察。后半部分着法非常微妙,看似平淡无奇,实则每步棋都意味深远,充分体现了宽紧胜局的情趣。

（十四）片甲不回

〔局名释义〕

元·无名氏《货郎旦》第四折："这话单题着诸葛亮长江举火，烧曹军八十三万，片甲不回。"甲：古时用皮革或金属做成的护身铠甲，这里是指士兵，一个士兵都没有回来。形容惨遭失败，全军覆没。也作"片甲不留"。

〔局名联系〕

本局红方马兵和双相借先行之利，把黑方诸子吃了个净光不剩，落了个全军覆没。"片甲不回"切合局意。

〔棋局出处〕

本局选自《象棋与棋话》残局游戏第八十一局。

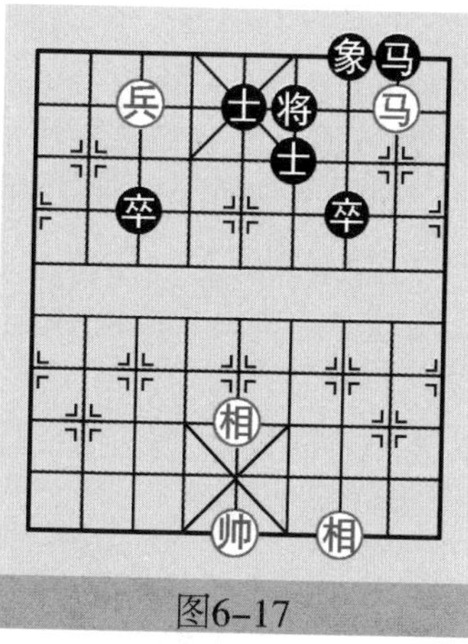

图6-17

原谱一本着法：（如图 6-17）

1.相五退七	卒 3 进 1	2.相七进九	卒 7 进 1
3.相三进一	士 5 进 4	4.兵七平六	士 4 退 5
5.帅五进一	士 5 进 4	6.兵六进一	士 4 退 5
7.兵六平五	士 5 进 4	8.兵五平四	士 4 退 5
9.兵四平三	士 5 进 4	10.兵三平二	士 4 退 5
11.兵二平三	士 5 进 4	12.兵三平四	士 6 退 5
13.兵四平五	士 5 退 6	14.兵五平四	士 4 退 5
15.兵四平五	士 5 进 4	16.马二退三	将 6 进 1
17.帅五平六	士 4 退 5	18.帅六退一	士 5 进 4
19.马三退五	将 6 平 5	20.马五进六	将 5 退 1
21.马六退四	将 5 退 1	22.帅六进一	将 5 平 6
23.帅六平五	将 6 进 1	24.马四进二	将 6 退 1
25.帅五进一	卒 3 进 1	26.相九进七	卒 7 进 1

27.相一进三　（红胜）

飞相露帅，以后用双相控制黑方3·7路黑卒，是获胜的要着。

速败之着。应改走士6退5，则兵二平三，士5退4，兵三平四，士4进5，兵四平五，这样才能与原著一样。

由于前面黑方走了劣着。此着红可改走马二退三即可速胜。

可改走马二退一，则士4退5，马一退三，士5进4，马三进二，将6进1，帅五进一，士4退5，马二进三，将6退1，马三退五，将6进1，马五退六，将6退1，可比原谱着法快五个回合取胜。

可改走马四进六控制黑将，逼使黑方自动献卒，可快两个回合取胜。

〔棋局简评〕

这是一则马兵攻杀的实用排局，红方马兵二子，奇迹般的竟将黑方诸子一扫而光。特别是第六回合，红兵六进一进入底线，不但老兵不老，反而是别有洞天，把着法引入佳境。本局可称是象棋排局艺术中的奇构佳品，令人击节赞叹。

（十五）焚书坑儒

〔局名释义〕

焚书：焚烧典籍。坑儒：活埋儒生。

公元前213年，秦始皇采纳了丞相李斯的建议，下令除了秦记、医药、卜筮和种树的书籍之外，焚烧民间所藏的《诗》《书》和百家之书。谈论《诗》《书》的处以死刑，借古非今的灭族。第二年由于方士、儒生求仙药始终不成，卢生等人又逃走了。秦始皇大怒，于是在咸阳活埋了四百六十余名儒生。见《史记·秦始皇本纪》。后用“焚书坑儒”指焚烧书籍残害文人的文化专制手段。

〔局名联系〕

本局红炮平中照将后，接连消灭四个黑卒。比喻为“焚书”。特别最后一步，红炮平八路后，把黑方双车一马封锁死，比喻为“坑儒”，真是形象而又生动。用“焚书坑儒”的典故，作为本局的局名，确是最贴切不过的了。

〔棋局出处〕

本局原载《百局象棋谱》一百零三局。同谱二十四局,亦刊有此局,名"车马绝食",局名也很贴题意。同一本谱中,同一棋局刊载二次的情况,比较少见。

原谱一本着法:(如图 6-18)

1.车七平五	士 4 进 5	2.车三平五	将 5 进 1
3.炮一平五	象 5 进 7	4.炮五退五	象 7 退 5
5.相五进七	象 5 退 7	6.相七退五	象 7 进 5
7.相五进三	象 5 进 7	8.相三退五	象 7 退 5
9.相五退三	象 5 退 7	10.相三进五	象 7 进 5
11.相五退七	象 5 退 7	12.炮五平八	(和局)

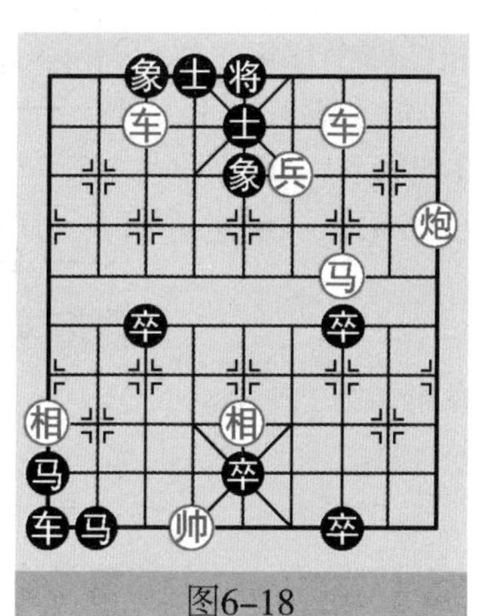
图6-18

〔棋局简评〕

本局一开始红方连弃双车一马,使红炮占得有利位置,接连消灭黑方四卒,为以后的和局奠定了基础。这种弃子占位的方法,既激烈惊险,又有实用启发性。最后红炮困死黑棋一车双马,更富有趣味性和巧合性。棋局短小精悍,着法激烈而有趣。

(十六)藕断丝牵

〔局名释义〕

藕:是莲的地下茎,肥大有节,中间有管状小孔,折断后二节之间会出现白色细丝连着。亦作"藕断丝连"。比喻没有彻底断绝关系的意思。唐·孟郊《孟东野诗集·去妇》:"妾心藕中丝,虽断犹连牵。"

〔局名联系〕

红方六路底炮已被黑卒堵住,与一路红炮看上去并不存在任何联系。但实际上这两个红炮并未彻底断绝,通过一系列巧妙的着法后,仍可连结在一起,最后以连炮攻击而获胜。这里把两个红炮比作切断了的两段藕,看上去似乎没有联系,但实际上仍存在着内在的联系。"藕断丝牵"也暗示棋局的着法,必须将双炮连结起来攻击才能获胜。

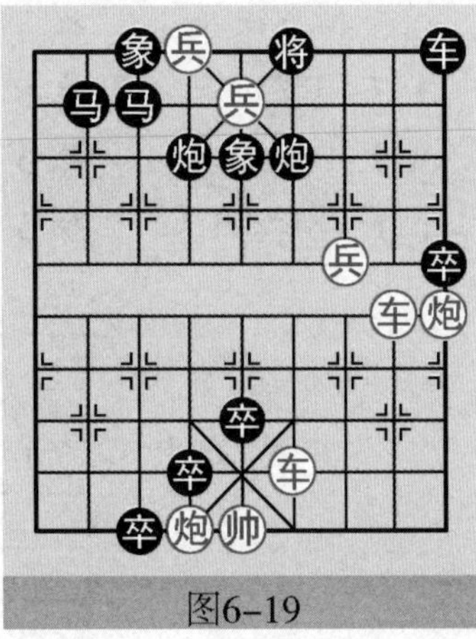

图6-19

〔棋局出处〕

原载《适情雅趣》象棋谱第二十七局。

原谱着法:(如图 6-19)

1.车二进五	车 9 平 8	2.炮一平四	炮 6 平 7
3.炮四平六	炮 7 平 6	4.车四进六	炮 4 平 6
5.兵六平五	马 3 退 5	6.前炮进五	马 2 退 4
7.炮六进九	(红胜)		

红棋首着可改走车四进六则炮 4 平 6,车二进四,卒 3 平 4,帅五平四,卒 5 平 6,炮一平四,炮 6 平 7,车二平四,红速胜。

也可改走炮四平七,则炮 7 平 6,炮七进五,象 5 退 3,车四进六,红速胜。

红方双炮虽被隔断,但红方利用照将选位的机会,巧妙连成一体,最后底炮突发,一举成功,切合题意。

〔棋局简评〕

本局原谱着法红方连弃双车，最后以底炮脱身闷杀黑将而获胜，着法确很精彩巧妙。但根据前面注释，红方另有两种着法可以速胜，因而不符合原作构思意图，也不符合局名题意。现修改成图 6-20 形式，就完全只能按照原谱着法才能取胜。切合题意。

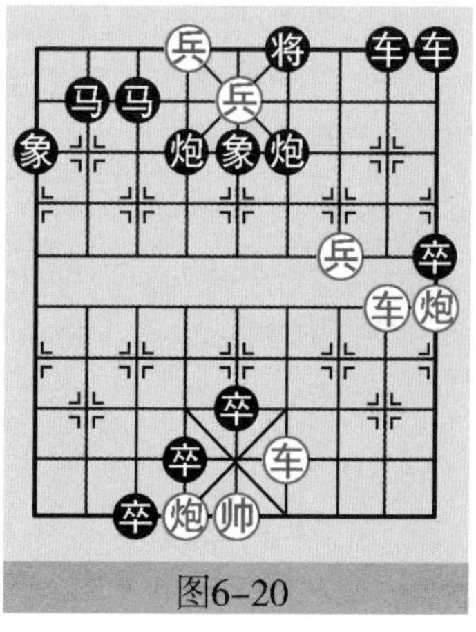

图6-20

〔棋谱介绍〕

《适情雅趣》原刊于明朝隆庆庚午年间(公元 1570 年)，金陵徐芝选编，是我国现存象棋古谱中出版较早，规模最为完备的珍本之一。全谱分残局和全局两大部分。共收入残局 550 局，图谱和着法大都是短小精悍的杀局和实用残局，非常切合实用，对提高攻杀能力和残局技巧很有帮助。全局部分有“得先局”21 局，“让先局”14 局，“让子局”16 局，攻防着法有很高的参考价值。

《适情雅趣》历经四百二十多年，原版已成稀世珍本，过去藏有此谱者往往秘不示人。1988 年已由蒋权、朱鹤洲、裘望禹、吴一江等诠注，蜀蓉棋艺出版社出版。

民间排局赏析

(一)高马出凡

如图 6-21，本局高马出凡选自《竹香斋》第二集。原谱有三局，为保持原貌原文附下。今增注变化，列于其后。

原谱第一局：

着法红先：

1.兵五进一　　将 4 进 1

2.兵四平五　　将4进1
3.前车平六　　车4退5
4.仕四退五　　车4进5
5.车五平六　　车4退4
6.马一进三　　象5进7
7.马三退四　　将4平5
8.马四退六　　将5退1
9.马六退四　　卒2平3
10.兵九平八　　卒3平4
11.仕五进六　　（和）

图6-21

原谱第二局：

1.前车平六　　车4退5　　2.仕四退五　　卒2平3
3.兵四进一　　卒6平5　　4.帅五进一　　卒3平4
5.帅五退一　　卒4进1　　6.帅五进一　　车4进5
（黑胜）

原谱第三局：

1.前车平六　　车4退5　　2.仕四退五　　卒2平3
3.车五平四　　卒6平5　　4.帅五进一　　车4进5
5.帅五退一　　卒7进1　　6.相五进七　　车4进1
7.帅五进一　　卒3平4　　8.帅五平四　　卒7进1
9.帅四进一　　车4平6　　10.帅四平五　　车6退5
11.兵九平八　　车6平5　　12.帅五平四　　象7进9
13.兵四进一　　车5平6　　14.帅四平五　　车6退4
15.后兵平七　　车6平8　　（黑胜）

红如误走兵八平七，则象5退3，兵五进一，将4进1，前车进二，将4进1，红无杀黑胜。

黑如误走将4平5，则双车杀象，红胜。

黑另有两种着法：甲、将4平5，前车平七，将5退1，马一进三，将5平4，兵八平七，象5退3，车七进三，将4进1，车七退一，将4退1，车五进四,红胜;乙、将4平5,前车平七,将5平4,车七退六,卒2平3,车七平八,卒7平6,马一进三,卒6进1,车八进八,将4进1,马三退四,红胜。

弃车解杀,争取步数,精彩。

黑如误走卒2平3,则马一进三,卒6平5,帅五进一,卒3平4,帅五平四,卒7进1,车五平六,车4进1,马三退四,红胜。

黑如误走卒6平5,则帅五进一,车4进4,帅五退一,象5进7,兵九平八,车4平3,相五进七,车3退3,马三退四,红胜。

此时形势微妙,红如不慎,走马六退五,黑可胜。

走马四退六,也可守和。

新编着法,红先胜:

1.兵五进一	将4进1	2.兵四平五	将4进1
3.前车平六	车4退5	4.仕四退五	车4进5
5.车五平六	车4退4	6.马一进三	象5进7
7.马三退四	将4平5	8.马四退六	将5退1
9.兵五平四	卒2平3	10.仕五进六	卒3平4
11.马六退七	卒4平3	12.帅五平六	将5平4
13.马七进六	卒7平6	14.兵九平八	后卒平5
15.后兵平七	卒5平4	16.马六进四	象7进5
17.兵八平七	卒4进1	18.后兵平六	(红胜)

(二)小友观灯

如图6-22,小友观灯原载于《百局象棋谱》,原谱为红先和,现诠为红胜,并将原谱附于后。着法如下:

1.车二进五	象5退7	2.车二平三	士5退6
3.车三退八	士6进5	4.车三进八	士5退6
5.炮一平四	卒6平7	6.兵七平六	将4进1
7.兵六进一	将4平5	8.兵六进一	将5平6
9.炮四退八	卒2进1	10.炮四退一	卒1平2
11.车三退七	将6进1	12.炮四平八	卒2进1

13.车三平七	车5退2	14.帅六进一	车5平4
15.帅六平五	车4平5	16.帅五平六	车5退2
17.车七平一	车5进5	18.车一平四	将6平5
19.车四进七	车5平7	20.车四平五	将5平6
21.帅六平五	(红胜)		

看似杀士连将即胜,实则黑方垫车则反将杀。

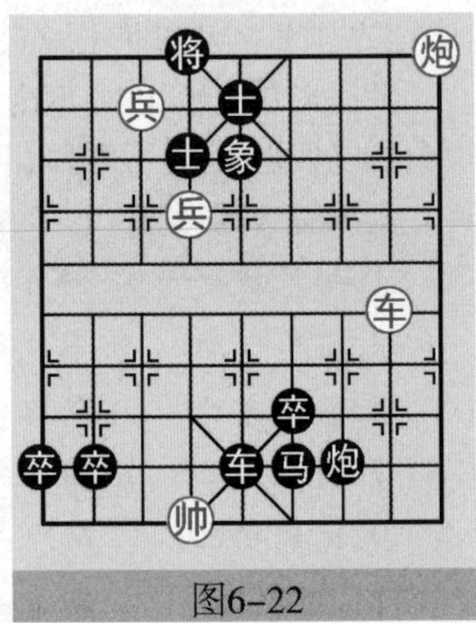

图6-22

黑如改走将4平5,则炮四退八,将5进1,兵七平六,将5平4,兵六进一,将4平5,兵六进一,连杀红胜。

黑如卒2平1走一步闲着,则车七平四,将6平5,车四进七,车5平2,车四平五,将5平6,帅六平五,红胜。

黑如改走卒2平3,则车二进五,将6退1,车二退七,将6进1,车二平七,演变下去红胜。

原谱着法,红先和:

1.车二进五	象5退7	2.车二平三	士5退6
3.车三退八	士6进5	4.车三进八	士5退6
5.炮一平四	卒6平7	6.兵七平六	将4进1
7.兵六进一	将4平5	8.兵六进一	将5平6
9.炮四退八	卒2进1	10.炮四退一	卒1平2
11.车三退七	将6进1	12.炮四平八	卒2进1
13.车三平七	(和)		

(三)玉层金鼎

如图6-23,着法红先:

1.炮一平四	车6进4
2.马九退八	将6进1

3.马八退七　　将6退1
4.马七退八　　将6进1
5.马八退六　　车6退1
6.炮四进一　　将6退1
7.帅五进一　　将6进1
8.马六退五　　将6退1
9.马五进三　　将6进1
10.马三进二　　车6退1
11.炮四进一　　将6退1
12.帅五进一　　将6进1

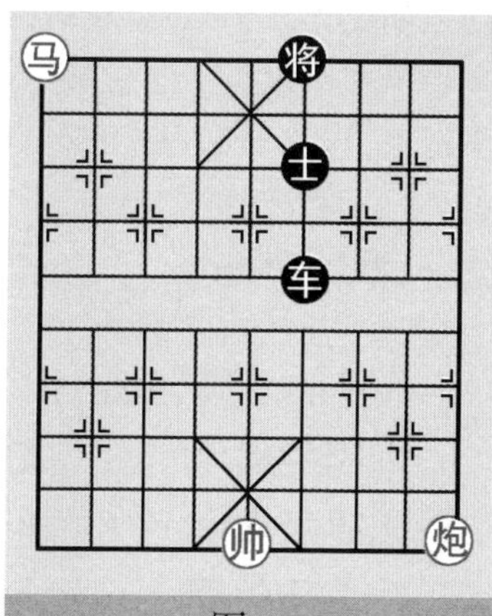
图 6-23

13.马二进三　　车6退2
14.马三进一　　车6进2
15.马一退二　　车6退3
16.炮四进三　　将6退1
17.马二进一　　将6进1
18.马一进三　　车6进1
19.马三退四

以下形成马对单士局面，红胜。

黑如走车6进1，红则马一进三抽车，胜定。

(四)双马同槽

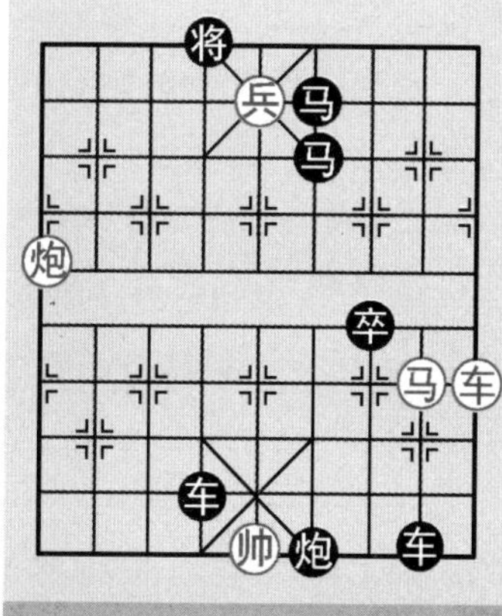
图6-24

如图6-24，着法红先：

1.车一进六　　后马退8
2.车一平二　　马6退7
3.马二进四　　炮6退3
4.车二退九　　卒7平6
5.车二进九　　车4平7
6.炮九进四　　车7退7
7.车二平三　　车7退1
8.炮九平三　　(和)

如走车二平三，黑炮垫将反将立胜。

黑如接走车8退9，则红兵五进一，将4进1，马四进五，将4进1，马五退七，将4退1，马七进八，将4进1，炮九进二，妙杀红胜。

（五）步步生莲

如图6-25，着法红先：

1.炮三进一	将5进1	2.车二进一	将5进1
3.炮一退一	炮6退1	4.车二退一	将5退1
5.车二平四	车6进5	6.车四退七	卒1平2
7.车四进八	将5平6	8.炮三退九	后卒进1
9.炮三平八	后卒进1	10.炮八进四	后卒进1
11.炮八平五	后卒平4	12.炮一退六	卒4进1
13.炮一平六	卒5平4	14.帅六进一	（和）

红弃车解杀还杀，黑如车6退2，则炮三退一，将5退1，炮一进二，妙杀。

如改走车6平9，则炮三退一，将5退1，车四平五，士6进5（炮6平5，炮三进一），车五进一，将5平6，炮一平四，杀。

还可炮一平九，后卒平4，炮九退六，卒4进1，炮八进一，和局。

红双炮守家，黑无法取胜，故进卒换炮求和。

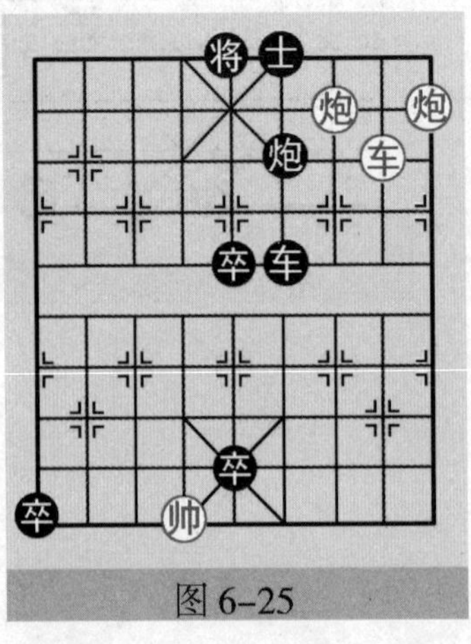

图6-25

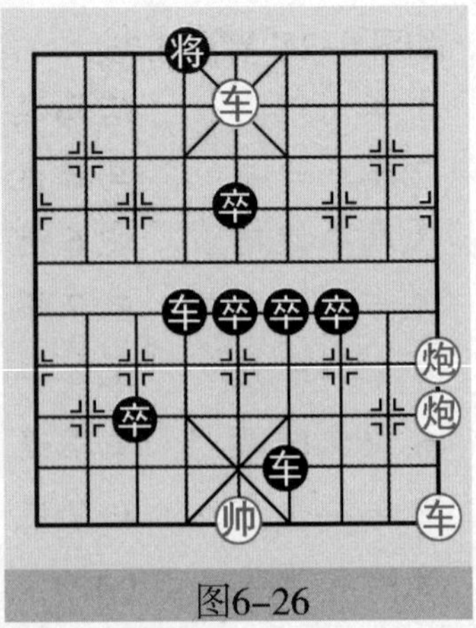

图6-26

(六)铁锁横江

如图 6-26,着法红先:

1.后炮平六	车4进2	2.炮一平六	车4平5
3.帅五平六	车6进1	4.车一平四	车5平4
5.帅六平五	车4退1	6.车四进二	车4进1
7.车四平六	卒3平4	8.车五退二	卒4平5
9.车五平六	将4平5	10.车四退三	(守和)

如走前炮平六,车4进1,炮一平六,车4平5,帅五平六,车4平6,帅六进一,卒3平4,帅六退一,卒4进1,杀。

红只有吃车才能挽回局势。

若接走车四平一要杀,则黑车4进3将军,抽车黑胜。

(七)珠藏韫匮

如图 6-27,着法红先:

1.车六平五	炮6平5	2.兵三平四	卒5进1
3.车五退六	炮5进7	4.相一进三	后卒平3
5.相三进一	卒3平4	6.车五平二	将5平4
7.帅六平五	炮5退8	8.车二进九	卒4平5
9.车二平五	将4平5	10.相三退五	卒2平3
11.兵八平七	卒3平4	12.兵七平六	象3退1

(和)

如改走车五平七,则象3退5,车七平六,卒5进1,黑胜。

黑方如改走炮5进1,则车五平七,炮5平3,车七退一,红胜。

只有吃卒,进帅则负。退车吃卒被炮压住,犹如珠藏韫匮。

进炮封车精妙,并为以后变化埋下伏笔。

红方如走兵八平七,则后卒平3,兵七平六,卒3平4,兵四平五,将5平6,兵六进一,卒2平3,车五进一,卒3进1,帅六平五,卒6进1,黑胜。

由此可以看出上着进炮封车的奥妙。

双方解杀还杀，着着紧逼，十分激烈，稍一疏忽即刻败北。

退炮冷静，如走卒4进1，红车进底以下将4进1，兵八平七，再接走车二平六，照将，抽吃黑卒，红方胜。

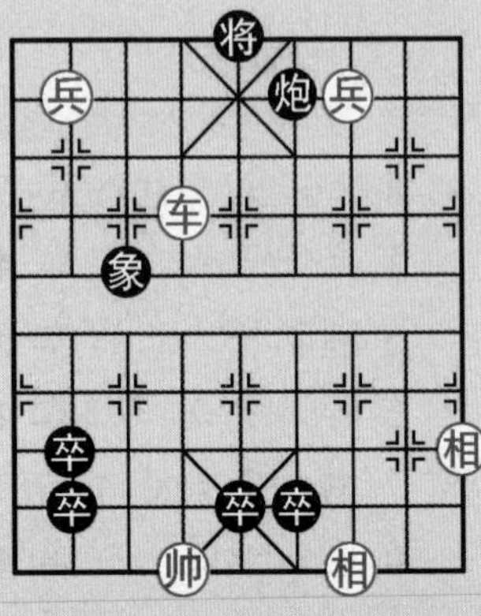

图6-27

(八)回马金枪

如图6-28，着法红先：

1.马六退五　士5进4
2.兵三平四　将6平5
3.兵四进一　将5平6　4.兵六平五　士4退5
5.兵三进一　象5进7　6.兵七进一　将6平5
7.兵七平六　士5进4　8.兵六平五　将5进1
9.兵五进一　将5退1　10.兵五进一　象7退5
（红胜）

弃兵引黑将离中，缓解黑方飞象借将的杀势，否则黑飞象后红方无解。

再次弃兵阻黑将占中，取得渡兵平中遮将的机会，如径走兵七进一，象5进7，兵七进一，将6平5，兵七平六，卒4进1，马五退六，卒5进1，逼死红帅。

(九)双骑飞驰

如图6-29，着法红先：

1.车一进四　象5退7　2.车一平三　士5退6
3.马三进五　车7平6　4.车三平四　车6退9
5.马五进七　将4平5　6.马六进四　将5平6
7.帅四平五　（和）

妙手，如随手走车三平四，炮5退9黑立胜。

黑主动求变，如改走车7退9吃车，则马五进七，将4平5，马六退四，绝杀红胜。

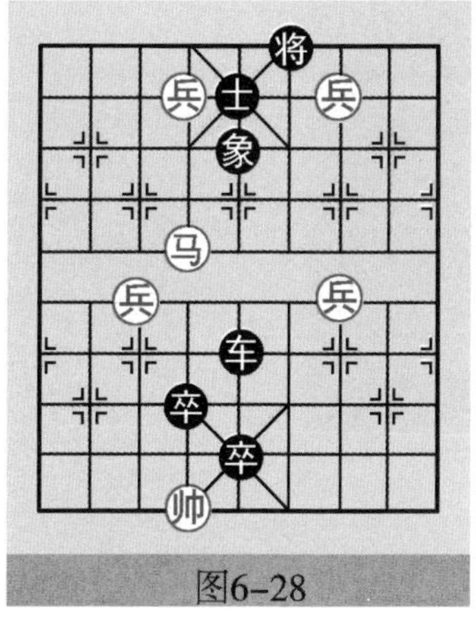

图6-28

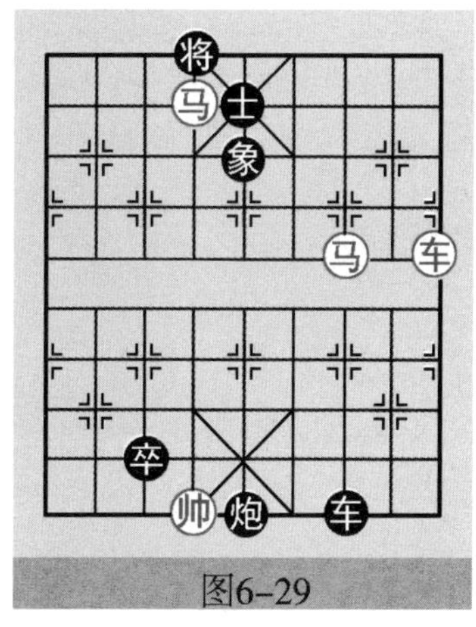

图6-29

（十）金钩挂玉

如图6-30，着法红先：

1.兵六进一　　将4平5

2.车一进四　　炮7退2

3.车一平三　　车7退6

4.马九进八　　卒5进1

5.帅六进一　　卒6平5

6.仕四进五　　卒5进1

7.帅六进一　　卒6平5

8.帅六平五　　车7进7

9.帅五退一　　车7平4

10.兵六进一　　车4退7

11.马八进六　　将5平4　　（和）

红如走帅六平五，则前卒进1，帅五平六，前卒平5，帅六平五，车7进

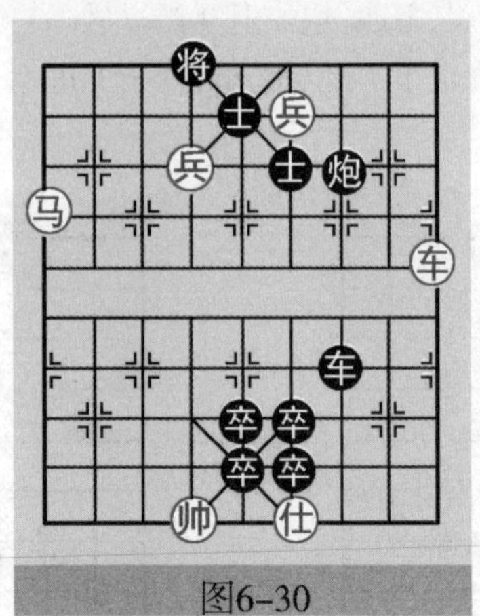

图6-30

9,黑胜。

(十一)精兵救主

红方的两个小兵的连续追杀使黑方双车、双马、双炮俱全的绝对优势兵种丧失近半,末后还要以车双马来求和,可见“兵不在多,而在于精”不为虚言。

如图6-31,着法红先:

1.兵三进一　　将6退1
2.兵五进一　　士6进5
3.兵三进一　　将6退1
4.兵五进一　　车4进8
5.帅五平六　　马9退8
6.帅六平五　　马7进9
7.帅五退一　　车2进9
8.帅五进一　　车2退9

双方不变成和。

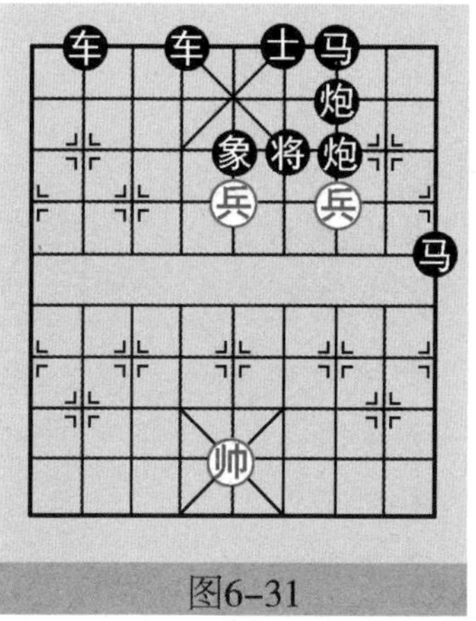

图6-31

黑方弃车，迫使红帅离中，为退马保将赢得时间，必走之着，否则红胜。

（十二）孙庞斗智

如图 6-32，着法红先：

1.车一进四　　马 6 退 8　　2.车一平二　　象 5 退 7

3.车二平三　　士 5 退 6

4.马四进五　　将 4 平 5

5.车三平四　　将 5 进 1

6.兵七平六　　将 5 平 4

7.车四平六　　将 4 平 5

8.车六退七　　炮 5 进 2

9.车六平九　　象 1 进 3

10.车九进二　　象 3 退 5

11.帅四平五　　（和局）

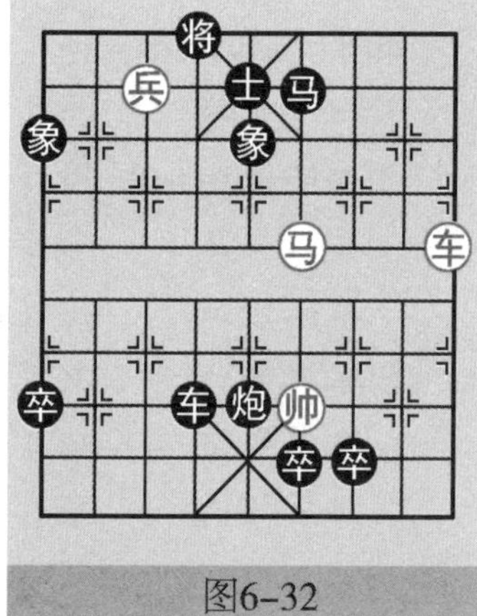

图6-32

(十三)锦屏对峙

如图 6-33,着法红先:

1.仕五进四　卒7进1
2.兵四平五　士4退5
3.兵六平五　将5平4
4.仕四退五　卒4进1
5.帅五平六　卒6平5
6.兵三平四　卒7平6
7.兵五进一　将4进1
8.兵四平五　将4进1
9.兵四平五　将4平5
10.仕六退五　将5退1
11.仕五退四　将5退1　（和）

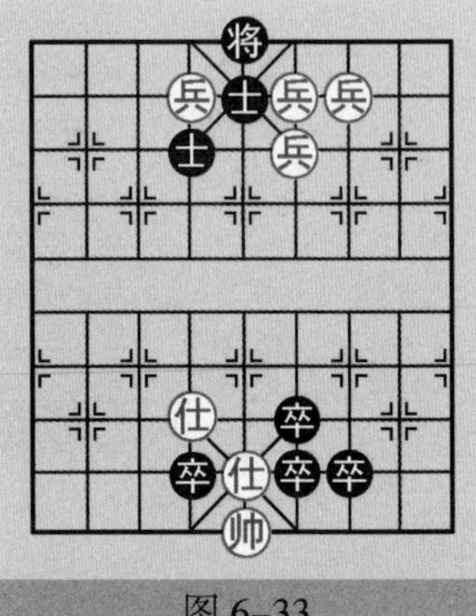

图 6-33

(十四)八仙过海

如图 6-34,着法红先:

1.炮二平四　马5退6
2.兵四进一　将6进1
3.兵六平五　车5进1
4.车三进五　将6退1
5.车二进六　象5退7
6.车三平五　卒4进1
7.帅五平六　车6平7
8.车二退七　卒2平3
9.帅六平五　车7进1
10.帅五进一　马6进7

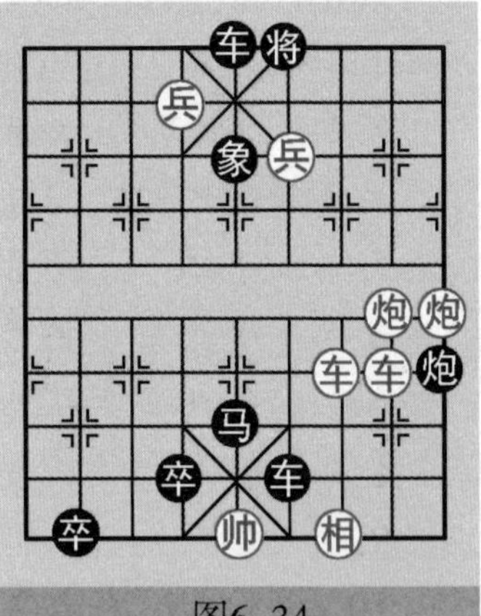

图6-34

11.车二平三　　车7退2
12.车五进一　　将6进1
13.炮一进五　　象7进9
14.车五退三　　车7平6
15.炮一退六　　车6进1
16.帅五退一　　车6进1
17.帅五进一　　卒3平4
18.帅五平六　　卒4平3
(和)

若改走车三进六,则象5退7,炮一进五,象7进9,炮二进五,炮9退6,黑胜。

红如误走车二退九,炮9进3,车二平一,马6进4,相三进五,马4进6,车五平六,车7平3,车一平四,卒2平3,相五退七,车3进1,黑胜。

如走马6进4,则车二平六,车7退3,车五进一,将6进1,炮一进五,象7进9,炮一退六,车7平9,车五退三,红胜。

如走帅五进一,则车7平5,帅五平六,车5平4,帅六平五,马7进6,帅五退一,车4退1,帅五退一,卒3平4,黑胜。

黑如炮9平6,则车五退一,将6进1,车五退二,炮6平5,车五退三,车7平6,车五进六,红胜。

(十五)江村渔火

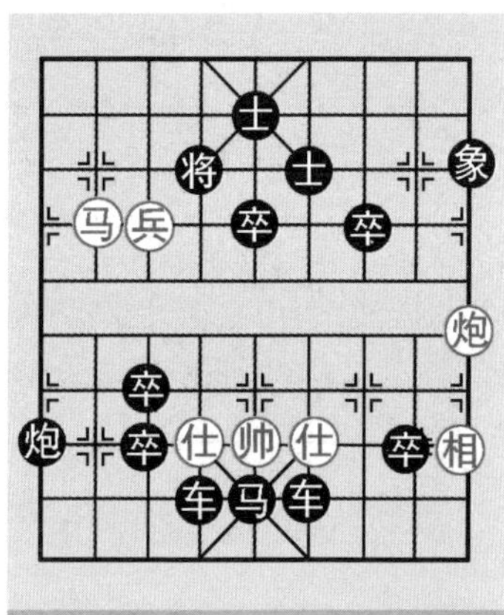

图6-35

如图6-35,着法红先:

1.兵七平六　　将4退1
2.炮一平六　　士5进4
3.兵六进一　　将4平5
4.兵六平五　　将5平6
5.炮六平四　　士6退5
6.炮四退三　　士5进6

7.兵五平四　将6平5
8.兵四进一　将5进1
9.马八进七　将5平4
10.炮四平六　后卒平4
11.帅五退一　卒3平4　12.炮六进二　卒8平7
13.炮六平二　炮1退5　14.马七退九　卒7平6
15.马九进七　卒4平5　16.帅五退一　卒6进1
17.马七退八　将4平5　18.马八退六　将5平6
19.炮二平五　后卒进1　20.马六退七　前卒进1
21.帅五平六　将6退1　22.炮五退一　卒6进1
23.炮五进一　（和）

黑如走将6退1,则兵四平五,将6平5,马八进七,将5平4,炮四平六,后卒平4,帅五退一,卒3平4,炮六进二,红胜。

红如改走炮六平五限制黑将占中,则炮1平3,马七退八,炮3退4,黑好走。

黑如不退炮走象9进7,以下马七进五,将4退1,炮二进五,将4退1,兵四平五,象7退5,马五退三,炮1退7,兵五平六,红胜。

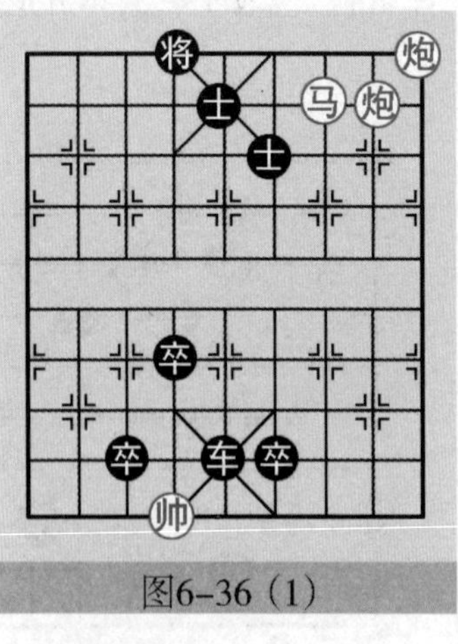
图6-36（1）

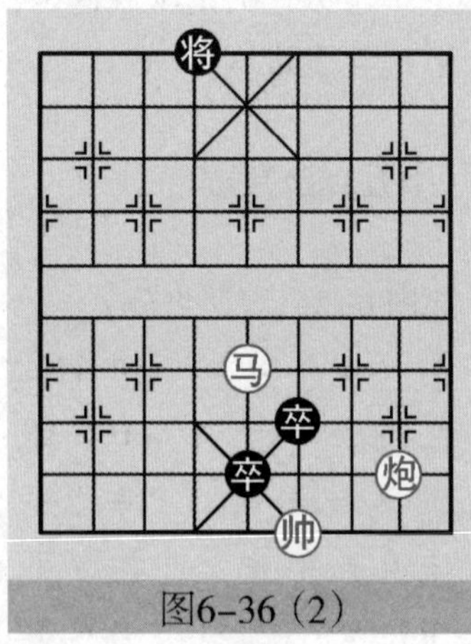
图6-36（2）

(十六)连床话旧

如图 6-36(1),着法红先:

1.马三进五	士 5 退 6	2.马五退四	车 5 退 8
3.马四进五	卒 3 平 4	4.帅六平五	前卒平 5
5.帅五平六	将 4 进 1	6.炮一退一	将 4 退 1
7.炮二进一	将 4 进 1	8.马五退四	将 4 平 5
9.马四进二	将 5 进 1	10.马二退三	将 5 退 1
11.炮二退一	将 5 退 1	12.马三进五	士 6 进 5
13.炮一平五	卒 4 进 1	14.炮五退七	卒 6 平 5
15.马五进三	将 5 平 4	16.炮二退七	卒 4 进 1
17.炮二平六	卒 5 平 4	18.帅六平五	(和)

马跳将位,暗伏杀着,妙。以下开始马炮攻杀的着法。

弃卒要杀,顺势抢占中路,紧着。另如走将 4 进 1,则红方炮一退一,将 4 退 1,炮二进一,将 4 进 1,马五退四,将 4 平 5,马四进二,将 5 进 1,马二退三,将 5 退 1,炮二退一,将 5 退 1,马三进五,士 6 进 5,炮二退七,卒 6 平 5,炮二平七,卒 4 进 1,炮一退七,卒 5 平 4(黑如将 5 平 4,炮七平九,红多子胜),帅六平五,卒 4 平 3,马五退四,卒 3 平 4,马四退六,将 5 平 6,炮一进五,将 6 平 5,炮一平六,打死卒,红胜。

双炮进退有序并让出马路盘旋,有实战技巧。

改走将 5 平 4,则红马三退五,将 4 退 1,炮二退一,将 4 退 1,马五进七,将 4 平 5,马七退五,将 5 平 4,相互制约双方不变成和(如退马吃卒,卒 6 进 1,杀,而马五进七后,黑亦不能上士,否则炮二进一,红胜)。

如改走卒 4 进 1,则炮二进一,将 5 进 1,马五进三,杀,红胜。

此时如径走炮二退七,则将 5 进 1,黑胜。

另如走卒 5 平 4,帅六平五,后卒平 5,马三退五,将 4 平 5,马五退六,将 5 平 4,马六退五,卒 4 平 5,帅五平四,后卒平 6,至此形成参考图〔即图 6-36(2)〕形势,黑下着走将 4 平 5 占中,红只能炮二退一守和,进炮则负,因黑可卒 6 进 1,马五退四,卒 5 进 1,逼死红帅。

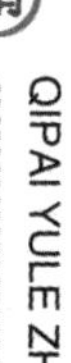

(十七)柳绿桃红

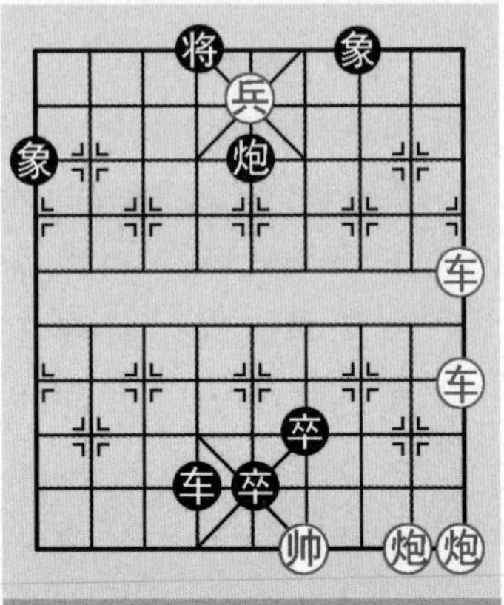

图6-37

如图 6-37,着法红先:

1.后车平六　　炮 5 平 4
2.车六平四　　卒 6 进 1
3.车四退二　　卒 5 平 6
4.帅四平五　　炮 4 平 8
5.车一平五　　象 1 进 3
6.炮一进九　　象 7 进 9
7.炮一平五　　炮 8 平 5
8.炮五退二　　象 3 退 5
9.车五进二　　象 9 进 7
10.车五退二　　车 4 平 5
11.车五退四　　卒 6 平 5　　12.帅五进一　　象 7 退 5
13.炮二进六　　象 5 进 3　　(和)

如黑车 4 退 2,则车一平六,车 4 退 2,炮一进九,象 7 进 9,炮二进九,重炮杀红胜。

平车正确,如车六进四,车 4 退 6,车一退四,车 4 平 8,炮二平三,车 8 进 7,黑胜;另如车一平四,卒 5 平 6,帅四平五,车 4 平 5,红不能出帅,黑胜。

黑平炮保持优势局面,亦可走:车 4 平 5,以下帅五平六,车 5 退 7,车一平四,象 7 进 9,车四进四,将 4 进 1,车四退八,车 5 进 4,车四进六,炮 4 进 3,车四退二,车 5 平 9,帅六进一,车 9 进 4,车四平六,将 4 平 5,车六平五,将 5 平 6,帅六平五,炮 4 退 3,车五平四,炮 4 平 6,炮二平四,车 9 退 4,炮四进七,车 9 平 5,帅五平四,将 6 平 5,和。

如走象 7 进 9,炮二进一,车 4 退 1,兵五平四,象 1 退 3,车五进四,将 4 进 1,兵四平五,将 4 进 1,车五平六,红胜。另如炮 8 平 5,车五平六,车 4 退 4,炮一进九,象 7 进 9,炮二进九,重炮杀红胜。

(十八)空庭积翠

如图 6-38,着法红先:

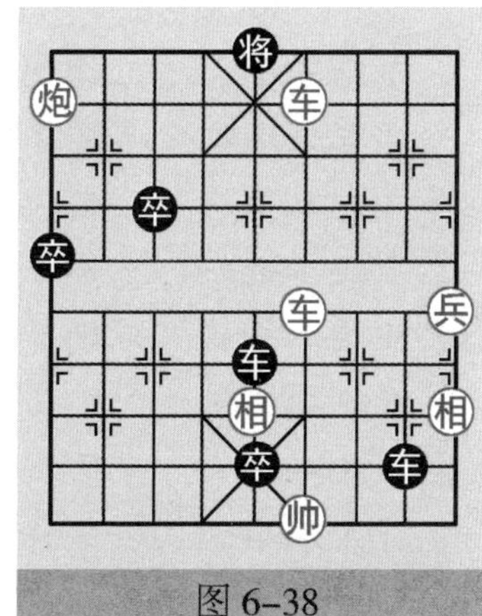

图 6-38

1.前车进一	将 5 进 1		
2.后车进四	将 5 进 1		
3.前车平五	将 5 平 4		
4.车五平三	车 5 进 1		
5.炮九平五	卒 5 平 6		
6.车四退七	车 8 平 6		
7.帅四进一	车 5 退 6		
8.车三平七	车 5 平 2		
9.车七退二	将 4 退 1		
10.车七退一	车 2 进 7		
11.帅四退一	车 2 平 5	12.兵一进一	车 5 退 3
13.兵一进一	将 4 平 5	14.车七平四	卒 1 进 1
15.兵一平二	卒 1 平 2	16.兵二平三	卒 2 平 3
17.兵三进一	卒 3 平 4	18.兵三平四	卒 4 进 1
19.兵四进一	将 5 退 1	20.相一进三	卒 4 进 1
21.车四退四	车 5 进 4	22.帅四进一	车 5 退 1
23.帅四退一	车 5 退 3	24.帅四进一	车 5 进 3
25.帅四退一	卒 4 进 1	26.车四平五	车 5 退 1
27.相三退五	(和局)		

必须吃七路卒,否则,黑卒比红兵快,黑胜。

顿挫。阻挡黑平中照将高车,以后黑将占中快红一步,黑胜。

占据中线十分重要,是中残局控制局面的关键,以下通过兵卒的攻防,揭示了中车的重要性。

(十九)雪夜访贤

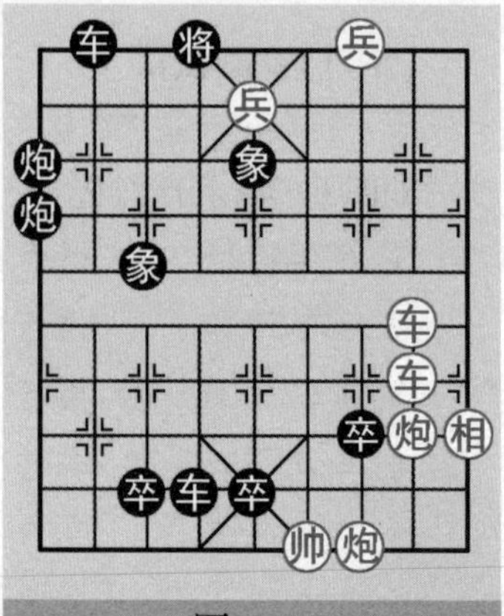

图 6-39

如图 6-39,着法红先:

1.后车平六　　前炮平 4
2.车六退二　　车 2 进 9
3.炮三平八　　卒 3 平 4
4.炮八进一　　卒 4 进 1
5.炮八平六　　炮 1 平 4
6.炮二退二　　卒 7 平 6
7.炮二平六　　后炮进 6
8.车二平四　　卒 6 进 1
9.车四退三　　卒 5 平 6　　10.帅四进一　　象 5 退 7
11.炮六进六　　(和)

如黑方改走车 4 退 2,车二平六,车 4 退 1,炮二进七,红胜。

红如改走车六进三,则黑车 4 退 5,以下车二平六,车 2 进 9,炮三平八,炮 1 进 7,炮八进九,卒 3 进 1,连杀黑胜。

必须先送车,如卒 3 平 4,则车二平八,两面要杀,红胜。

(二十)星移斗转

如图 6-40,着法红先:

1.车四退三　　将 4 进 1
2.车四平六　　车 8 平 4
3.车三平八　　卒 5 平 6
4.帅四进一　　卒 6 进 1
5.帅四进一　　车 4 平 6
6.帅四平五　　车 6 退 3
7.车八退八　　象 5 进 7

8.车八平六　　将4平5
9.兵五进一　　炮9平5
10.车六进五　　车6平9
11.车六平五　　将5平4
12.兵五进一　　炮5退5
13.车五退一　　车9进6
14.帅五退一　　车9平4
（和局）

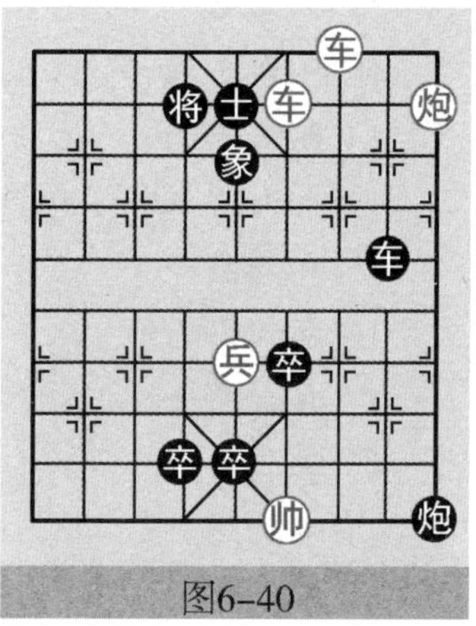

图6-40

如走车四平二，则象5退7，以下车二退四，炮9退6，兵五进一，炮9平6，黑胜。

应走炮一退七，则车6进5，车六进二，将5平6，炮一平九，炮9退3，帅五退一，双方相持和。

应径走车6平9，车六进四，车9进5，车六平五，将5平4，车五进三，车9平5，帅五平四，炮9平5，平中吃兵黑方可胜。

（二十一）雪拥兰关

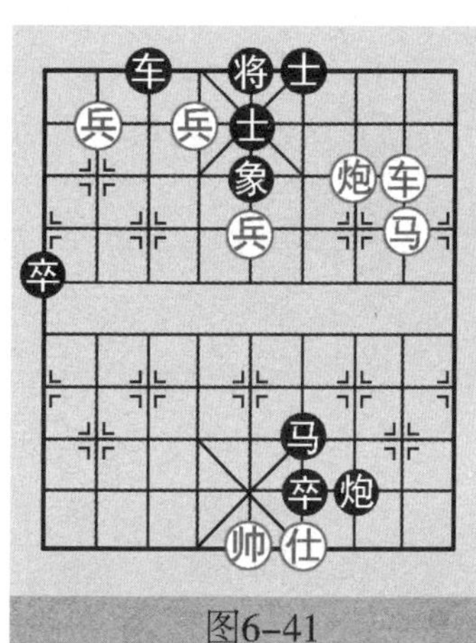

图6-41

如图6-41，着法红先：

1.兵八平七　　车3平2
2.炮三进二　　象5退7
3.车二平八　　炮7进1
4.仕四进五　　卒6平7
5.仕五进四　　车2进2
6.兵七进一　　车2平8
7.兵五平四　　象7进5
8.马二进四　　车8平6
9.兵四进一　　卒7平6
10.兵四平五　　炮7退6

11.兵五进一　　士6进5
12.兵六平五　　将5平6
13.兵七平六　　炮7退3
14.兵六平五　　炮7平5
15.兵五进一　　将6进1
16.兵五平六　　卒1进1
17.兵六平七　　卒1平2
18.帅五平六　　卒2平3
19.帅六进一　　卒3进1
20.兵七平八　　卒3平4
21.兵八平七　　将6平5
22.兵七平八　　将5平4
23.仕四退五　　将4平5
24.仕五退六　　将5平4
25.仕四进五　　将4进1
26.兵八平七　　将4退1

红有兵走闲着，黑将占中，红退底仕成太公坐椅，和棋。

(二十二)八虎征西

如图6-42，着法红先：

1.后炮平四　　车6退1　　2.炮一平四　　马5退6
3.兵四进一　　将6进1　　4.兵三进一　　将6退1
5.兵三平四　　将6进1　　6.兵六平五　　车5进1
7.车三进八　　将6退1　　8.车一进九　　象5退7
9.车三平五　　车6平5　　10.车五退六　　马6进5
11.车一平三　　将6进1　　12.马九退七　　马5进7
13.车三退八　　炮2平7　　14.马七退六　　(官和)

如走前炮平四，马5退6，兵四进一，将6进1，炮一平四，马6进7，马挡红三路车,红负。

如黑车6退2,兵四进一,将6进1,兵三平四,将6进1,车一进七,将6退1,车三进八,将6退1,车一进二,红胜。

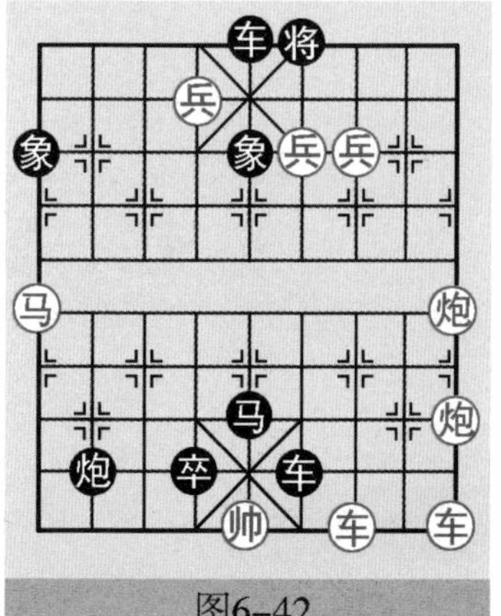
图6-42

弃兵正确。为以后三路车打将吃黑中车埋下伏笔,舍此不能成和。

此时红如走帅五平四,黑可走甲:车5平7,车一退九,车7平6,帅四平五,马6进5,车五平八,卒4进1,帅五进一,马5进3,车八退七,车6进1,黑胜;乙:车5退6,车一平三,将6进1,车三退一,将6退1,车三平五,炮2退6,马九进八,炮2平6,帅四平五,马6进4,车五进一,将6进1,马八进六,炮6平5,车五退二,卒4平5,车五退六,将6进1,车五平四,红胜。

七、实用残局例典

兵卒类

(一)单兵胜单士

在正常情况下,一士可以守和单兵,其关键是将、士配合守住宫心,否则即使士不被捉死,也会被困毙。

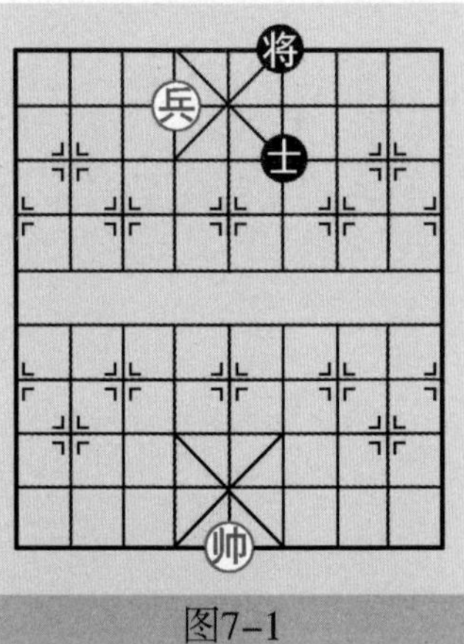

图7-1

如图 7-1,着法红先:

1.帅五平四

出帅控制黑将,形成左兵右帅的钳形攻势,是兵卒类残局的取胜要着。

1.……　　　　将 6 进 1

如改走将 6 平 5,则帅四进一士 6 退 5,帅四平五,红方得士胜。

2.帅四进一　　将 6 退 1

3.兵六平五　　(红胜)

(二)兵仕(或相)胜单士

如图 7-2,着法红先:

如黑方先行,出将即和;如红方先行,即可形成右兵左帅的控制局面。

着法如下：

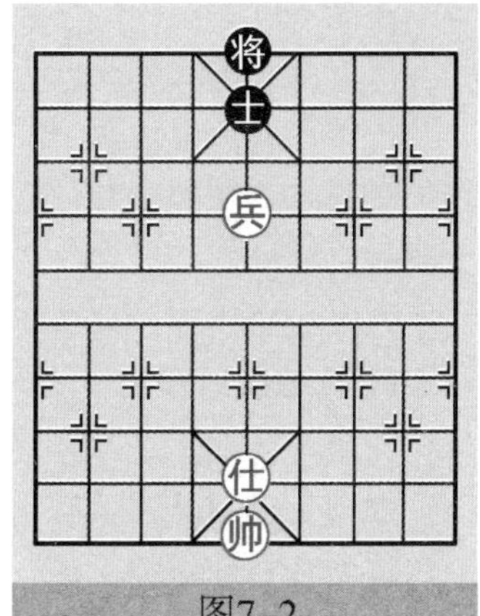

图7-2

1.兵五进一　　士5退4
2.兵五平四　　士4进5

如改走将5进1,则帅五平六,将5退1,兵四进一,士4进5,仕五退四,士5进4,帅六进一,将5平4(士4退5,帅六平五),兵四平五,红胜。

又如改走将5平6,则帅五平四,将6平5(士4进5,兵四进一,将6平5,帅四平五,士5退6,帅五平六,士6进5,仕五退四,士5退6,帅六进一,士6进5,帅六平五,将5平4,兵四平五,红胜),兵四进一,士4进5,帅四平五,士5退6,帅五平六,士6进5,仕五退四,士5进4,帅六进一,将5平4,兵四平五,红胜。

3.兵四进一　　士5进6
4.帅五平六　　士6退5
5.仕五进四　　士5进4
6.帅六进一　　士4退5
7.帅六平五　　(红胜)

(三)单士和兵仕(或相)

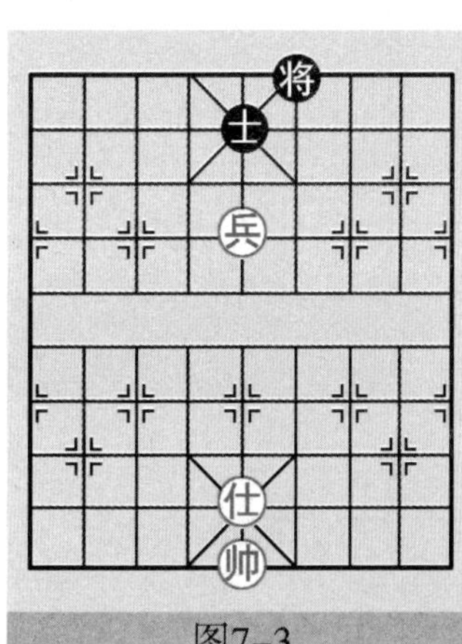

图7-3

如图7-3,着法红先：

1.兵五进一　　士5退4
2.兵五平四　　士4进5
3.兵四平五　　士5退4
4.仕五退六　　将6进1
5.帅五进一　　将6退1
6.兵五平四　　士4进5

（和局）

黑方守和的要领是：

①将在肋道上通头，切勿平中。

②当红兵在黑中象位置时。以将走闲着；当平兵肋道制将时，及时上士驱兵。

(四)单兵对双士

如图7-4，着法红先：

这是在特殊形势下的一个巧胜局例。可谓“士受牵制兵势强”。

1.兵五进一　　将4平5　　2.兵五平四　　将5进1

如改走士4退5，则兵四进一，士5退6，帅六进一，士6进5，帅六平五，将5平4，兵四平五，红胜。

3.帅六进一　　将5退1　　4.兵四进一　　士4退5

5.帅六平五　　（红胜）

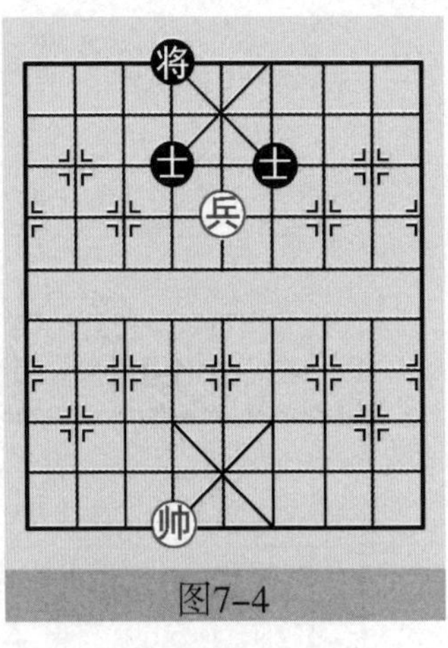

图7-4

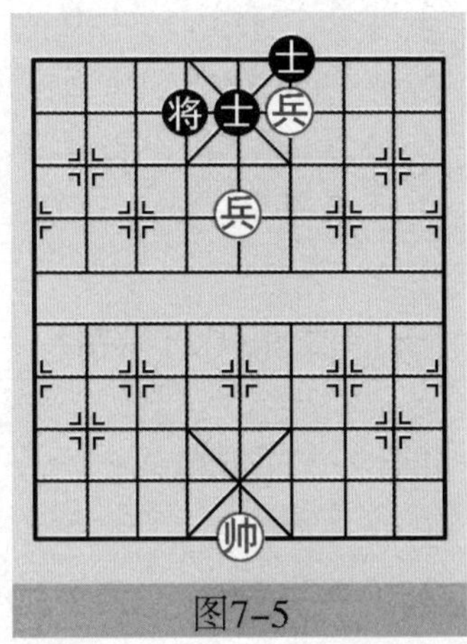

图7-5

(五)双兵对双士

高低兵胜双士，即两个兵都侵入九宫，用一兵搏兑双士后，形成“单兵擒王”而胜。高底兵则视情况而定：如红帅与底兵都起作用，则“巧胜”；如红帅与底兵不起助攻作用，则双士可以成“和局”。而双低兵则要看黑将登高（俗称“上三楼”，也称“山顶公”）后，是否成为“低头兵”，成为“低头兵”的则和，未低头的则“巧胜”。

如图7-5，着法红先：

1.兵五进一　士5退4　2.帅五进一　士4进5
3.兵五进一　士6进5　4.兵四平五　将4进1
5.帅五退一　（红胜）

如图7-6，着法红先：

1.兵五进一　将6进1　2.兵七平六　士5退4
3.兵五平六　士4进5　4.兵六平五　士5退4
（和局）

如图7-7，着法红先：

1.兵八平七　将4进1　2.兵四进一　士6退5
（和局）

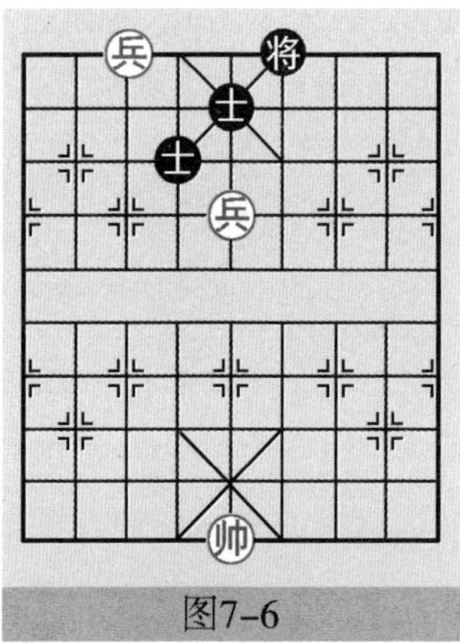
图7-6

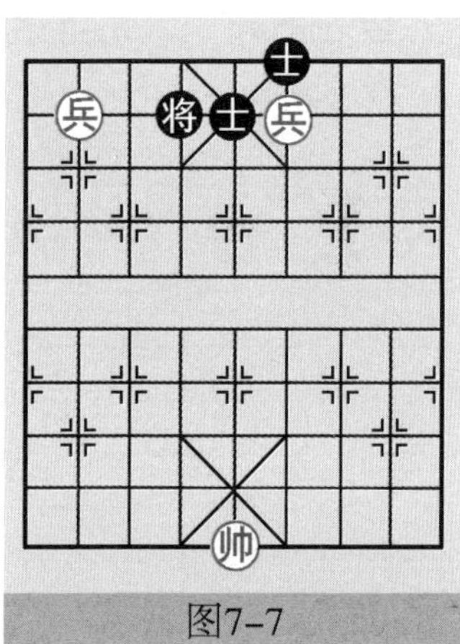
图7-7

（六）双兵对单缺士（象）

在优势情况下，高、低兵有机会可以巧胜单缺士（象）或士象全。

如图 7-8,着法红先:

1.后兵平五　　象 5 进 7

如改走士 5 进 6,则兵五平六,将 5 平 4,兵六进一,象 5 进 7,帅五平六,象 7 退 5,兵六进一,红胜。

2.兵五平六　　象 7 退 5

3.兵六平七　　士 5 进 6

4.兵七进一　　象 3 退 1

5.兵七平六　　士 6 退 5

6.兵六进一　　士 5 进 4

7.帅五平四　　(红胜)

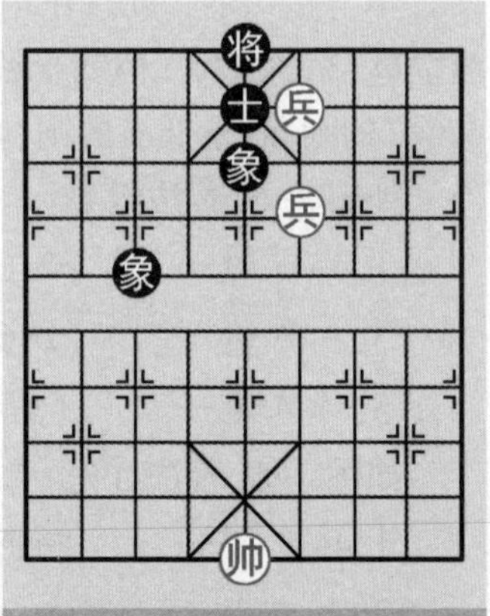

图7-8

如图 7-9,着法红先:

1.兵七进一　　将 4 平 5　　2.兵三平四　　将 5 平 6

3.帅五平四　　将 6 进 1　　4.兵四平五　　士 5 退 6

5.兵五进一　　士 6 进 5　　6.帅四进一　　士 5 退 6

7.兵七平六　　士 6 进 5　　8.兵六平五　　士 5 退 6

9.前兵平四　　将 6 退 1　　10.兵五进一　　(红胜)

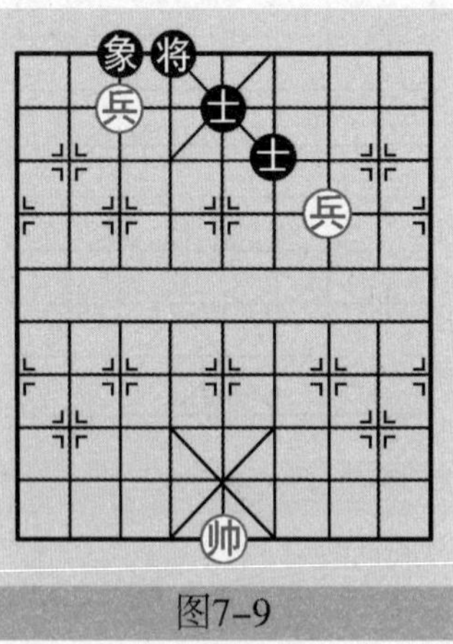

图7-9

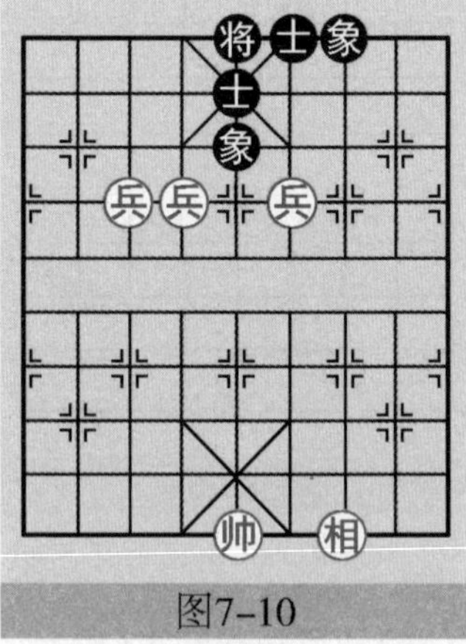

图7-10

(七)三兵对士象全

三高兵必胜士象全。用一兵占肋后,另外两兵仗帅力攻士,成“二鬼拍门”之势,控制肋道将门,破士必胜。切忌进兵太急,成三低兵,使黑将升顶,丧失胜机。

如图 7-10,着法红先:

1.兵七进一　将 5 平 4　2.兵四平三　将 4 平 5

3.兵三进一　将 5 平 4　4.兵三进一　将 4 平 5

5.兵三平四

取胜的第一步:先用一兵去塞象眼。

5.……　将 5 平 4　6.帅五平六　象 7 进 9

7.兵六进一

借助红帅的力量,其余两兵强行占肋助攻。

7.……　将 4 平 5

如改走士 5 进 4 吃兵,则兵七平六吃士,士 6 进 5,兵六进一,将 4 平 5,兵六平五,红胜。

8.兵六进一　象 5 进 3　9.兵七进一

如改走兵六平五,则士 6 进 5,帅六平五,象 3 退 5,兵七进一,再兵七平六,亦胜。

9.……　象 3 退 5　10.兵六平五　士 6 进 5

11.兵七平六

黑方左边肋道有兵控制,现在右边也有一兵,也就是两兵分列于对方中心士的两旁,可随时发动攻势,擒夺中士而成绝杀之势。这一凶狠而实用的着法,称为“二鬼拍门”。

11.……　士 5 进 4　12.帅六平五　象 9 进 7

13.帅五平四　(红胜)

马类

马和炮相比较，各有所长。马在中局和残局阶段，随着局势的变化更能发挥自己的优势。因走法较为灵巧，且活动范围较大，在没有蹩腿的阻碍时，可以同时控制八个点位，故有“八面威风”之说。但马也有它的弱点：最忌“蹩马腿”，而且每到边角，不但威力减小，也极容易受到对方的攻击。所以在用马的时候，要扬长避短，充分发挥它的威力，去争取战斗的胜利。

(一)马擒单士

一方以一马制胜对方一士，取胜的次序是“先捉士，后擒王”。到了残局阶段，由于士只能在九宫的范围内走动，又仅有五个落脚点，所以单马一定可以捉到单士而获胜。有关它取胜过程中的定式、运马的技巧、停着的配合等，在实战中都有很高的实用价值。

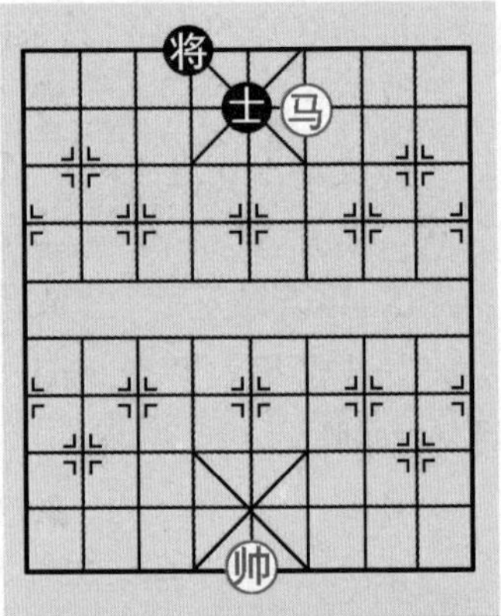

图7-11

如图 7-11，着法红先：

1. 马四退五　士 5 进 6
2. 马五进七　将 4 进 1
3. 帅五进一　将 4 进 1
4. 马七退八　士 6 退 5
5. 马八进六　士 5 退 6
6. 马六进八　士 6 进 5
7. 马八进七　（吃士胜）

(二)马擒单象

与上例马胜单士情况不同，因为士的活动范围与将、帅一样，同在九宫,很容易被马双禁而丢士,因此是必胜的棋局。单马对单象,是否也同样能取胜,就要看具体形势而定。在正常情况下,因为象的步子大(田字),马的步子小(日字),象方如来得及摆好架势,可以成和。但因不能过河的象只有七个落脚点,回避、应付受马攻击的能力有限,所以常常会出现马可捉象的情况。如果将和象分布在左右两边,一般可以成和局。但是如果同在一边,而且马又能控制象飞不到中象位,使象得不到转移的机会,利用马的控制能力,用停着迫使黑方上将,造成将和象的位置不协调的矛盾,运马过将的一侧,以马禁住将和象而取胜。还有一种典型棋形,黑先即和,红先必胜。

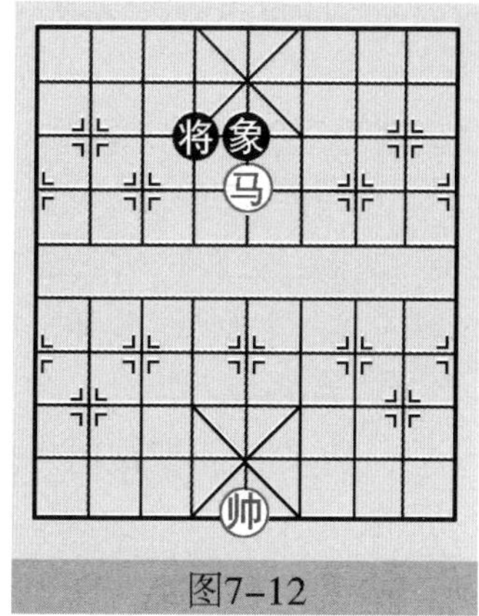

图7-12

如图 7-12 局势,是单马对单象的典型的棋形。如果此时黑方先行,走将 4 退 1,即可成和。如果红方先行,情况如何呢?

1.马五进三　　象 5 退 7

如改走象 5 退 3,则马三退四,形成将、象同侧,红方可以取胜。

2.马三进四

进马控制将,迫使黑方只得飞边象。

2.……　　象 7 进 9　　3.马四退二　　象 9 进 7

如改走将 4 退 1,则马二退四同时控制将、象,红方必得象胜。

4.马二退四

退马士角控制住黑将,同时黑方高象又在马嘴,待黑方落中象后,将、象位置又出现新的不协调,红方借"将军"的手段,吃象胜定。

4.……　　象 7 退 5

如改走象 7 退 9,则帅五进一,吃象速胜。

5.马四退五　　将 4 退 1

6.马五进七　　将 4 平 5

7.马七进五　　(吃象胜)

(三)马对炮低卒双士

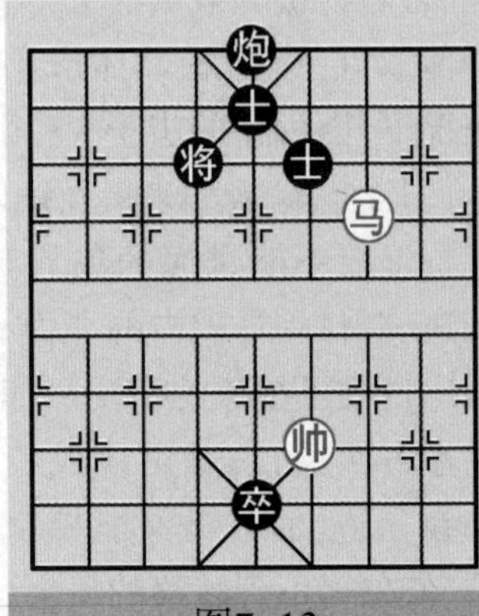

图7-13

如图 7-13,着法红先:

1.马三进二　　将 4 平 5

如改走炮 5 平 6,则帅四平五(忌马二进四兑炮,否则低卒胜帅),帅占中和。

2.马二退三

回马逐将,不能让黑将占中。

2.……　　将 5 平 4

3.马三进二　　将 4 退 1

4.马二退三　　士 5 退 4　　5.帅四平五

当黑方落下中士后要及时帅占中路,这是守和的关键着法。

5.……　　士 4 进 5　　6.帅五平四　　卒 5 平 4

7.马三进二　　炮 5 平 8　　8.帅四平五　　将 4 进 1

9.马二退三　　炮 8 进 3　　10.马三退四　　炮 8 平 6

11.马四进三　　(和局)

(四)双马对士象全

利用主帅“遥控”,发动双马进击,可以必胜。双马进击的要领是:先用一马逼将外出,然后双马归边,用帅控制中路,白吃士象而获胜。

如图 7-14,着法红先:

1.马八进九　　象 5 退 3

2.马九退七

逼将外出,以后退马助攻

2.……　　将 5 平 4

3.马二退三　　士 5 退 6

4.马三退五　　士 4 退 5

5.马五进七　　象 3 进 5

6.马七进八

获胜要着。准备实施“双马饮泉”的杀法。

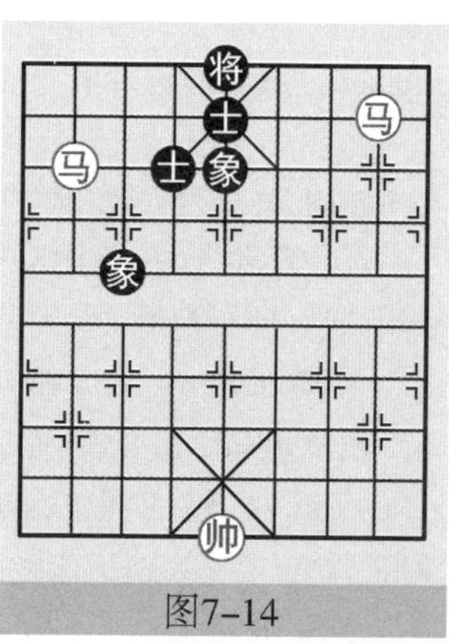

图7-14

6.……　　将4进1

如改走象5退7,则马七退五,将4进1,马五退七,杀。

7.马七退六　　士5进4

如改走士5退4,则马八退七,将4进1,马六退五,再进四胜。

8.马六进八　　将4平5

9.后马退七　　将5平6

10.马八进六　　将6平5　　11.马六退五　　(吃象胜)

(五)双马对马双士

如图7-15,着法红先:

红方不给黑方有兑马的机会,用帅助战,拴链黑方,双马、帅联合攻马而获胜。

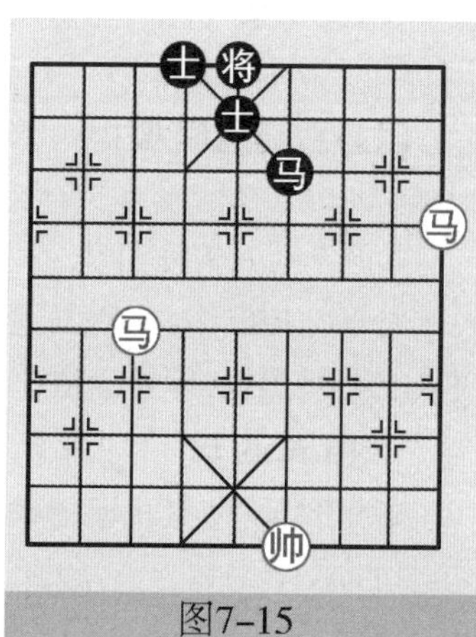

图7-15

1.帅四平五

帅先占中路,控制黑方士的活动。

1.……　　将5平6

2.马一进三　　将6进1

如改走将6平5,则马七进八,红方速胜。

3.帅五平四　　士5进4

4.马七进五　　士4退5

5.帅四进一　　士5退6

6.马三进二　　将6平5

7.马五进四　　(吃马胜)

(六)双马对马双象

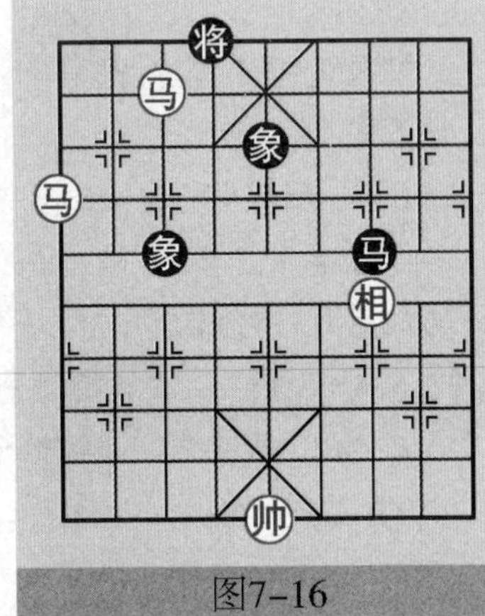
图7-16

如图7-16,着法红先:

红方要避免兑子,用双马、帅联攻,抽象或抽马,即可取胜。

1.马九进八　　将4进1

如改走马7退8,则马七退五,将4平5,马八退六,将5进1,马六退七吃双象胜。

2.马七退六　　马7退5

3.相三退一　　马5进4

不走马5进4,另有两种着法:甲、象3退1,马八退七照将,再马七进九吃象胜;乙、象5退7,马六进八,马5退3,马八退七吃象胜。

4.马六进八　　将4平5　　5.马八退七　　(吃象胜)

(七)双马对炮双士

如图7-17,着法红先:

先以帅控制中路,双马逼黑将升顶,然后以一马控制黑将活动,一马叫杀或捉死黑炮,即可获胜。

1.相五退三

落相明帅,使黑士不能撑高,缩小将活动空间。

1.……　　炮4平1

2.马四进二　　炮1平2

如改走炮1进1,则前马进四,将5平6,马四进二,将6进1,马二进三,炮1平5,马三进二,红胜。

3.前马进四　　将5平6

4.马二进三　　将6进1

5.马四进六　　炮2平1
6.马六退五　　将6进1
7.马五退四　　炮1平2

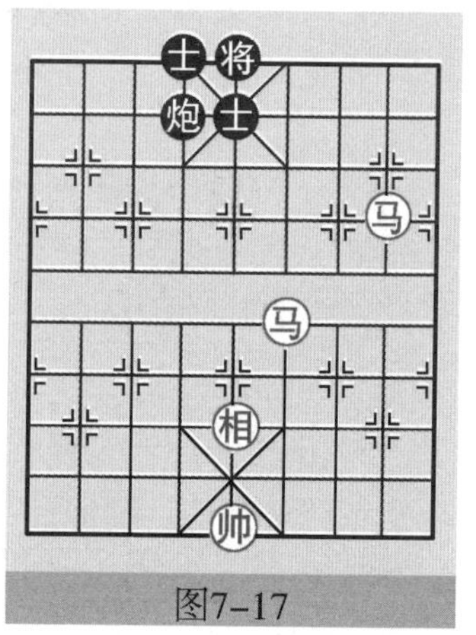

图7-17

如改走将6退1,则马四进三,将6进1,前马退一,炮1平2,马一退三,炮2进2,前马进二,将6退1,马三进五,红胜。

8.马四进三　　炮2平1
9.前马进二　　炮1平2
10.马三进五　　炮2退1
11.马二退一　　炮2进2
12.马一退三　　炮2退1
13.马五退四　　(红胜)

炮　类

图7-18

(一)炮单仕对双士

炮单仕必胜双士。取胜要领:①以帅占中,仕置于对方无士的一侧;②再用停着迫黑将走向它自己无士的一侧,然后放上花心炮;③最后造成以炮牵制将、士的局面,即可破士胜。

见图7-18,着法从略。

(二)炮单仕对单象

炮单仕必胜单象,只要红帅占中,黑方的孤象难保。

如图7-19,着法红先:

1.仕五进六　　将4进1　　2.炮一平五　　将4平5

3.炮五进七　　（吃象胜）

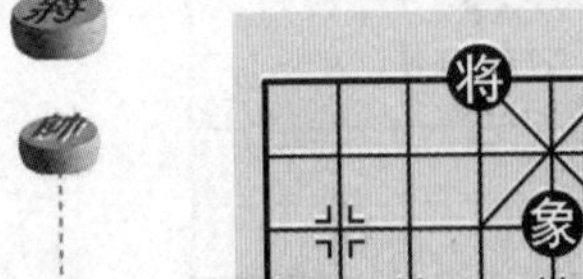

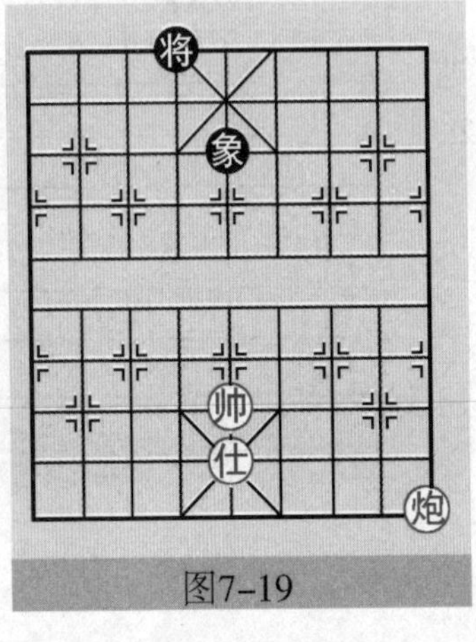

图7-19

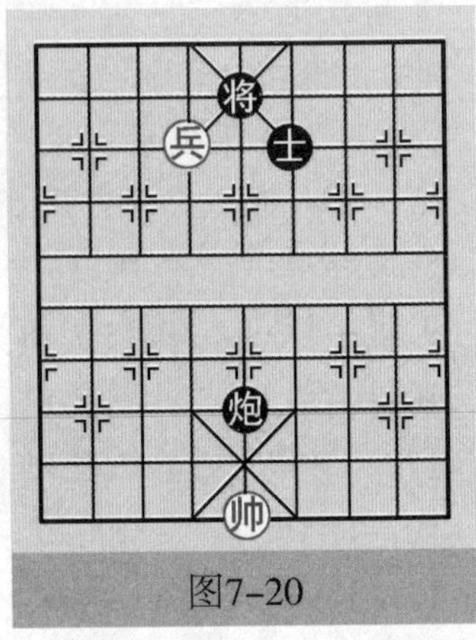

图7-20

(三)炮单士不胜低兵

当黑炮被红帅拴链时，不管黑士位置如何，只要红兵能及时占据士角，总能守和。如果炮没有被红帅拴链，一般可取胜。

如图7-20，着法红先：

1.帅五进一　　炮5退2　　2.帅五进一

正着。如改走兵六平七，则将5进1，帅五退一，士6退5，兵七进一，将5平6，兵七平六，士5进4，帅五进一，炮5平7，帅五退一，炮7退4，帅五进一，将6退1，兵六进一，士4退5，兵六平五，炮7进1，帅五进一，炮7平5，黑方吃兵胜。

2.……　　炮5进1　　3.帅五退一　　炮5进1

4.帅五退一　　炮5进1　　5.兵六平七

在帅拴链黑炮时，只要红帅能上、下移动，就必须上、下动帅（不可出帅），只有在帅被黑炮顶住不能动时，才能平兵走闲。

5.……　　将5进1　　6.兵七平六

要着。否则黑士6退5，红兵将被打死。

6.…… 将5退1 7.兵六平七 (和局)

(四)炮单士象对单兵

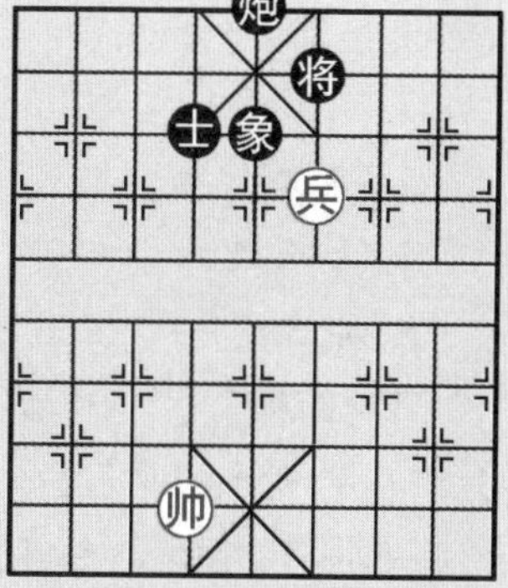

单兵能否守和炮单士象是一个比较复杂的残局(如对方是炮双象士,则必胜),需要掌握以下几个守和的要点:①过河兵控制士角,高将占中时,用兵赶走。②将在顶,炮士象三子在中时,帅兵不入中;将不在顶,炮士象三子在中,必须平兵。③只有一炮在中,也立即平兵。

图7-21

如图7-21,着法红先:

如图已经形成炮象控制中路,士居羊角,是炮方可胜的基本形。

1.帅六退一 炮5平6

把红兵驱赶至象线,可确保以后黑将占据中顶,为炮士照杀创造条件,是取胜的第一关键。

2.兵四平三

只能如此,如兵四平五,则炮6平4,帅六平五,炮4平5,黑方得兵胜。

2.…… 将6进1 3.帅六进一 炮6平4
4.帅六平五 炮4平5 5.帅五平六 象5进3
6.帅六平五 士4退5 7.帅五平六 将6平5
8.兵三平四 士5进4 9.帅六退一 炮5平4
(黑胜)

(五)炮双仕必胜高卒单象

如图7-22,着法红先:

1.炮一退七 卒3平4
2.炮一平六 卒4平3

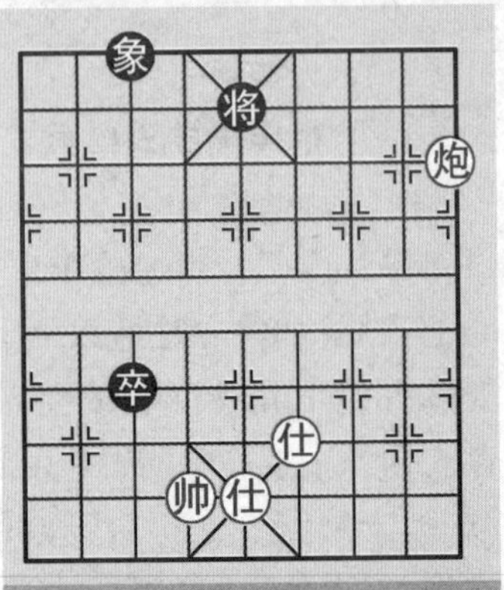

3.帅六进一　　象3进5

如改走将5平6，则炮六平四将6平5，炮四平五象3进5，帅六平五，将5平4，仕五进六，将4平5，炮五进七，红吃象胜。

4.帅六平五　　卒3平4

5.仕五进六　　卒4平5

6.帅五退一　　卒5平6

另有两种走法。甲：将5平6，炮六平四，将6平5，炮四平五，卒5平4，帅五进一，将5退1，炮五进七，吃象胜；乙：将5退1，炮六平五，卒5平6，帅五进一，将5进1，炮五进一，将5退1，炮五进六，红胜。

图7-22

7.炮六平四　　卒6平5

如改走卒6进1，则炮四平八，将5平6，炮八进二，卒6进1，帅五平六，再退炮打死卒胜。

8.炮四平五　　卒5平4　　9.帅五进一

必须保留仕。如改走炮五进七，变化如下：卒4进1，炮五退一，将5进1，炮五退一，将5退1，炮五进二，卒4平3，帅五进一，卒3平4，帅五退一，卒4平3，帅五退一，卒3平4，炮五退二，卒4平5，炮五平一，将5平4，下着卒换仕后，红炮没有架子，无法取胜。

9.……　　将5平6　　10.炮五进七　　卒4平5

11.帅五退一　　卒5平6　　12.炮五平八　　卒6进1

13.炮八退五　　卒6进1　　14.帅五平六　　将6平5

15.炮八退一　　（打死卒胜）

（六）双炮必胜双士

如图7-23，着法红先：

1.炮七平四　　将6退1

2.炮九平四　　将6平5

3.帅六平五　　将5平4

4.前炮平六　　将4平5

5.炮六进二

佳着，可以逼将平6路，即无士的一侧。

5.……　　将5平6

6.炮六平五

至此已成无解杀局。

6.……　　将6进1

如改走士5退4，则炮五平四"白脸将"杀。

7.炮五平四　　（红胜）

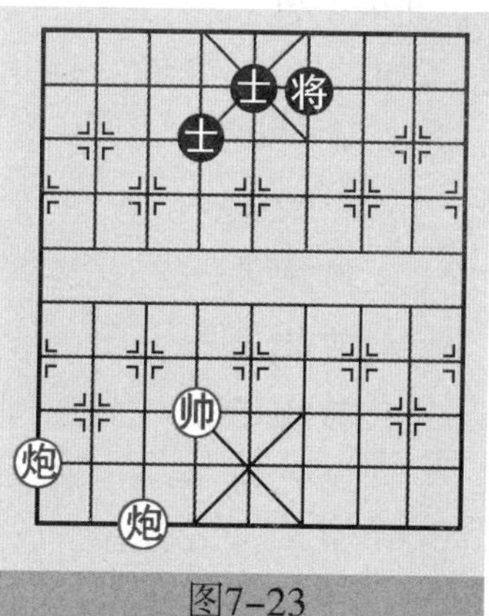

图7-23

（七）双炮和双象

当红方主帅在中路时，黑方要中路联象，将移中，并可左右移动，红方无法击破双象，故无法取胜。

如图7-24，着法红先：

1.炮五平四　　将6平5

2.帅五平四　　将5退1

3.前炮平五　　象5退7

4.炮四平五　　将5平4

5.帅四平五　　象3进5

6.前炮平六　　将4进1

（和局）

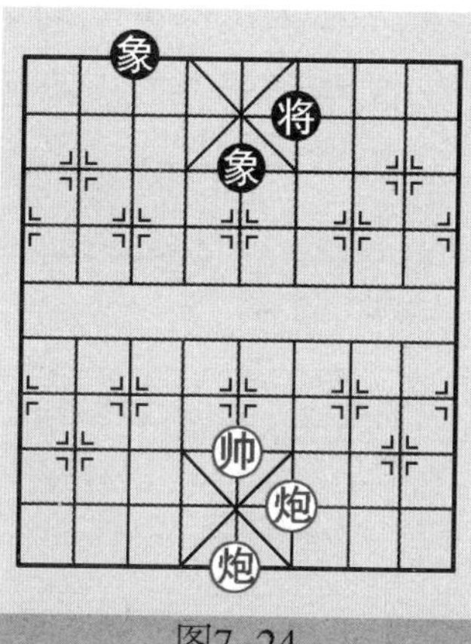

图7-24

（八）双炮和单车

单车对双炮是胜是和取决于双炮的位置：以一炮藏在帅后，防车照将，以帅保护炮的安全，用另一炮走闲着；或双炮取得联系，相互保护红帅，便可成和。除此之外，难于守和。

如图 7-25，着法红先：

1.前炮退一　　车 5 退 5
2.前炮进一　　车 5 退 1
3.前炮退一　　将 4 平 5
4.前炮进一　　将 5 进 1
5.前炮退一　　车 5 平 4
6.帅六进一　　将 5 退 1
7.帅六退一　　（和局）

图7-25（1）

在图 7-25(1)中，如果把前炮位换成马则输棋。但如能转换成参考图〔即图 7-25(2)〕的形势，用象棋大师臧如意的话说是“野马不回家”。就是说，红马飞在外面，变成了“野马”，黑车如控住红帅，则马走闲着；否则，帅走闲着，就可以守和。

当双炮位置不佳时，有车方可以取胜。

如图 7-26，着法红先：

1.车五进四　　将 4 退 1　　2.车五退二　　炮 4 退 1
3.车五进一　　将 4 进 1　　4.帅五平六　　炮 4 进 1
5.车五平二　　炮 8 平 9　　6.车二进一　　将 4 退 1
7.车二退二　　炮 4 退 1　　8.车二进一　　（红胜）

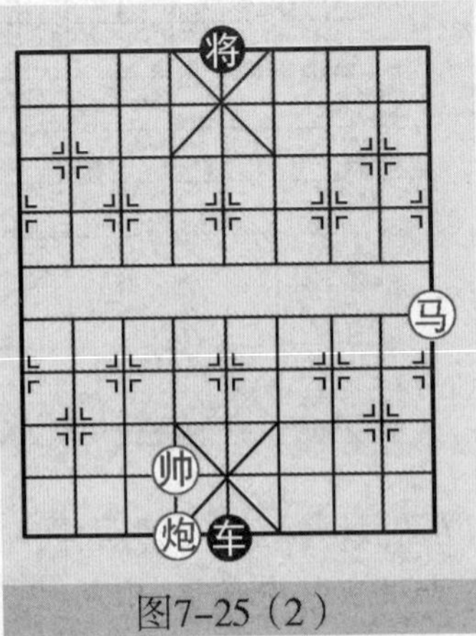

图7-25（2）

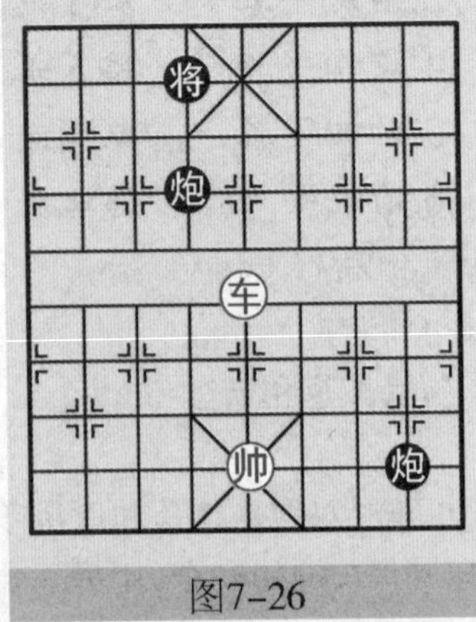

图7-26

车类

(一)单车必胜双士

在于以帅助攻,用帅拴链黑方士、将,再用车破士胜。

如图 7-27,着法红先:

1.车五平四　　将 5 平 4

2.车四平八　　士 5 进 6

3.帅五平六

以下黑方如将 4 平 5,则车八进三将 5 进 1,车八平六捉死“羊角士”,红胜。

如将 4 进 1,则车八进一,士 6 退 5,车八进一,将 4 退 1,车八平五,吃中士,黑无子可动,困毙红胜。

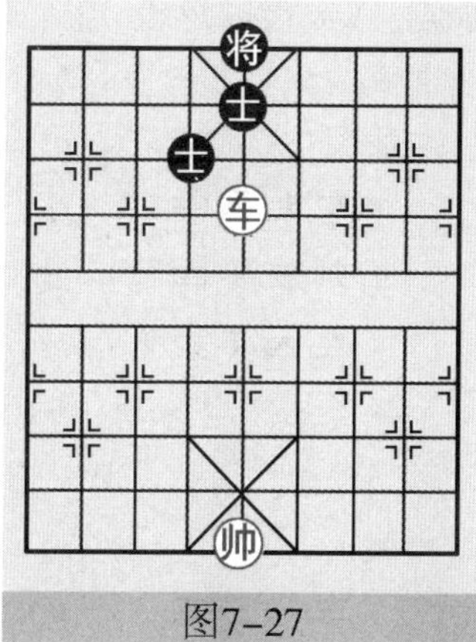

图7-27

(二)单车必胜双象

逼黑方底象飞到河口后,用车迎头照将,乘势扫掉河口象,再捉孤象胜。

如图 7-28,着法红先:

1.车四进二　　将 5 进 1

2.帅四平五　　象 3 进 1

3.车四平九　　象 1 进 3

4.车九平七　　将 5 平 4

5.车七平五　　象 5 进 7

6.车五退四　　象 7 退 5

7.车五平六　　将4平5

8.车六平七

形成单车必胜单象的胜局。

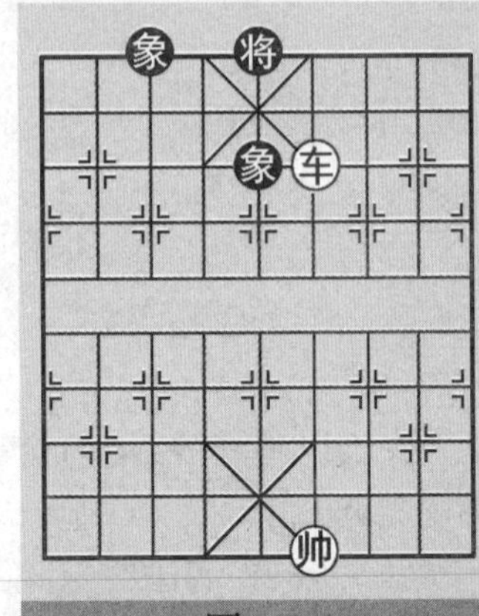

图7-28

(三)单车巧胜炮双士

红方抓住黑方未形成“炮三士”定式的弱点,红帅拴链黑士,红车赶炮捉士,白吃士而获胜。

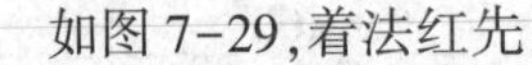

如图7-29,着法红先:

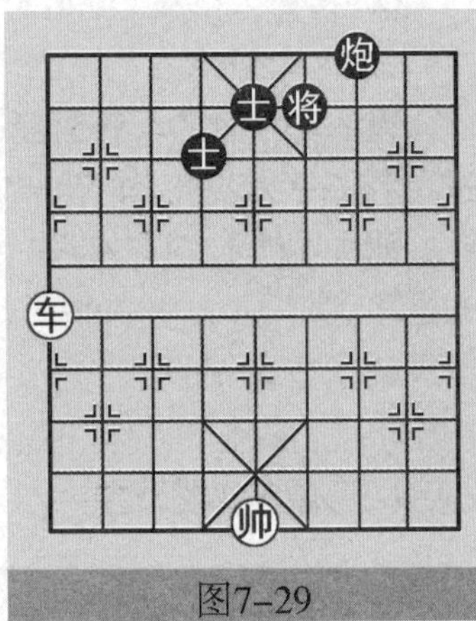

图7-29

1.车九平四　　士5进6

2.帅五平四　　炮7平6

3.车四平五　　炮6平1

如改走炮6平8,则车五平二,炮8平5,车二进三,士4退5,车二进一,照将抽士胜。

4.车五进五　　炮1进6

5.车五平三　　炮1平6

如改走炮1退5,则车三平九,炮1平4,车九平六,将6平5,车六平四,捉死士胜。

6.车三退六　　炮6退1

7.车三进一　　炮6退1

8.车三进一　　炮6退1

9.车三进一　　炮6进1

10.车三平四　　(红吃士胜)

(四)单车和炮双象

炮在中象位,形成“炮三象”局面,用将走应着,如将被迫不能动时,用炮走闲着，即可守和。

如图 7-30，着法红先：

1. 车八进三　　将 5 进 1

2. 车八平六　　炮 5 进 1

（和局）

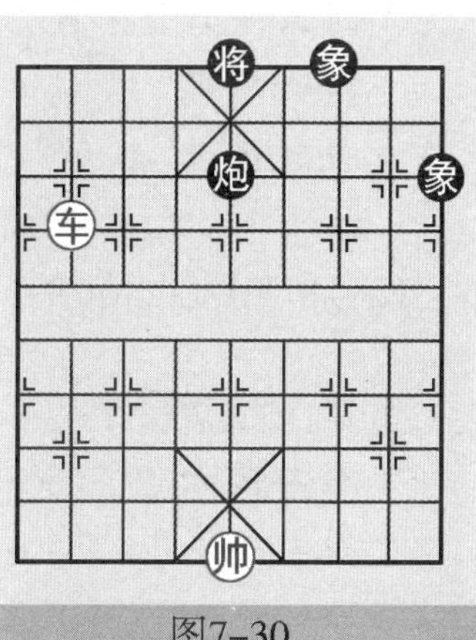
图7-30

如图 7-31，着法红先：

低象中联，炮在中路，炮不要离中，如红车中路捉炮而被迫离中时，应伺机迅速回来，只要炮、象占中路，红车就无法破象取胜。

1. 帅五进一　　炮 5 进 1

2. 车七平五　　炮 5 平 4

3. 车五平一　　炮 4 平 5

（和局）

（五）单车和仕相全

仕相全对单车，仕相全的防守力量，可以不败给单车。但必须主帅居中，所谓仕相归位，就是仕相在中路结成连环，筑成一道完整的防线，就可成正和局。

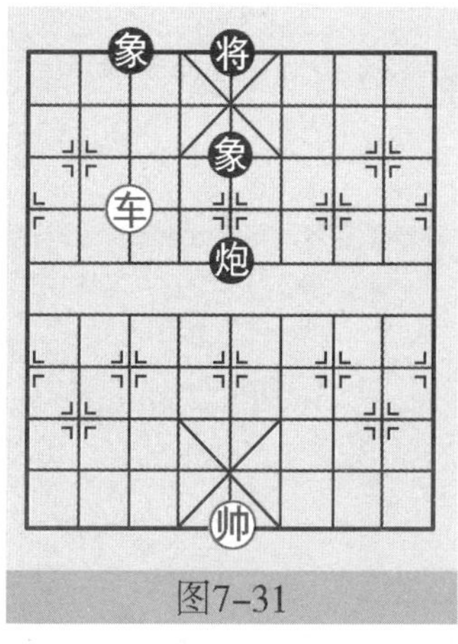
图7-31

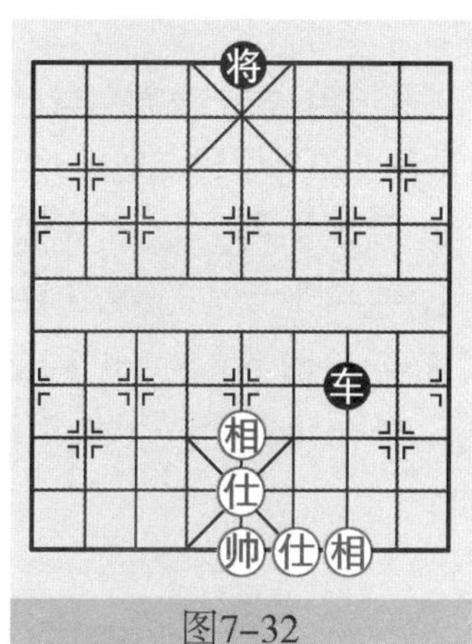
图7-32

如图 7-32,着法红先:

1.帅五平六　　车 7 平 2

2.帅六平五　　将 5 平 4

3.仕五退六(和局)

(六)单车巧胜士象全

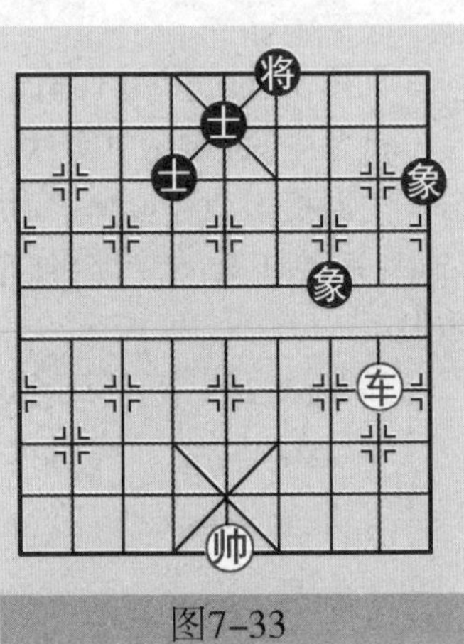

图7-33

如图 7-33,着法红先:

1.车二进六　　将 6 进 1

2.车二平一　　将 6 进 1

3.车一退一　　士 5 退 6

如改走象 9 退 7,则车一退二,将 6 退 1,车一平四,士 5 进 6,帅五平四,士 4 退 5,车四平三,红胜。

4.车一平二　　士 6 进 5

5.帅五进一　　士 5 退 4

6.车二退一　　将 6 退 1

7.车二平六　　(红胜)

(七)单车必胜马单士象

必胜原因:在于对方马与单士象不能组成联防。

如图 7-34,着法红先:

1.车九平五　　象 5 进 3

2.车五平一　　象 3 退 5

3.车一进五　　士 5 退 6

4.车一退二　　(吃象胜)

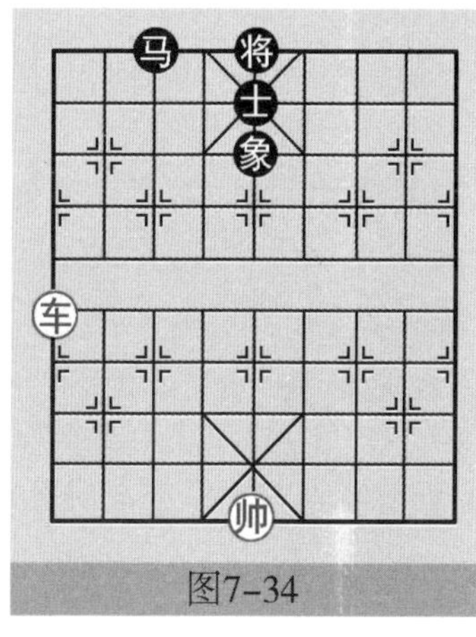
图7-34

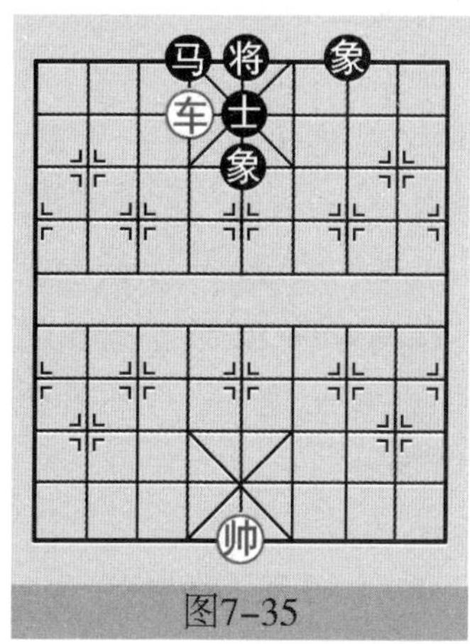
图7-35

(八)单车例和马单缺士

如图 7-35,着法红先:

马、单缺士“例和”一车,此局形称为“只马当士”,其防御力量与士象全相等。

1.帅五平六　　象 7 进 9　　(和局)

如图 7-36,着法红先:

以马保士,中联底象,中象不能动,马要在和底象处于不同方向的士角。

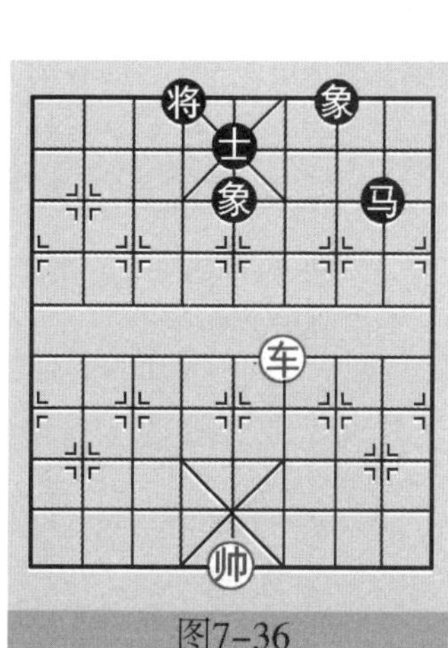
图7-36

1.车四平九　　将 4 平 5

2.车九进二

如改走车九进五,则士 5 退 4,帅五平六,马 8 退 6,也是和局。

2.……　　士 5 退 4

3.车九平三

如改走车九平二,则马 8 退 6,车二平四,马 6 进 4,和局。

3.……　　士 4 进 5

4.车三平二

如改走车三进一，则马8进7，车三退一将5平6，车三平四将6平5，车四平八象5退3，和局。

4.……	马8退6	5.帅五平六	士5退4
6.车二平六	士4进5	7.车六平四	马6进8
8.车四平九	士5退4	9.车九进三	马8退6
10.车九退一	马6进4	11.车九平六	士4进5

（和局）

（九）单车和马单缺象

马单缺象和单车，术语称为“只马当象”，其防御能力相当于士象全。防守要领：用马当象，高低士角能防御，低马中象最安全，高马须防塞象眼。

图7-37

如图7-37，着法红先：

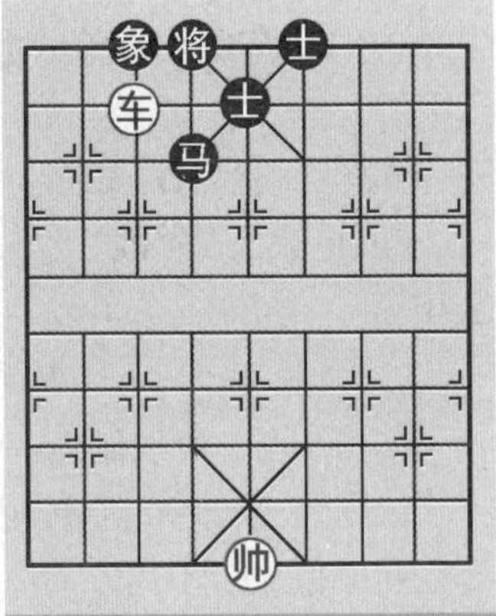

1.帅五平六　　象3进5

如误走将4平5，则车七平六塞象眼，红胜。变化如下：马4进5，帅六平五，象3进1，车六退三，马5进6，车六平九，象1退3，车九进四，黑方丢象，红胜。

2.车七平九　　象5退3

3.车九进一　　将4平5

4.帅六进一　　士5进6　　5.车九退一　　将5平4

（和局）

如图7-38，着法红先：

1.帅五进一　　象5退3　　2.车五平六　　象3进5

3.帅五退一　　象5退7　　（和局）

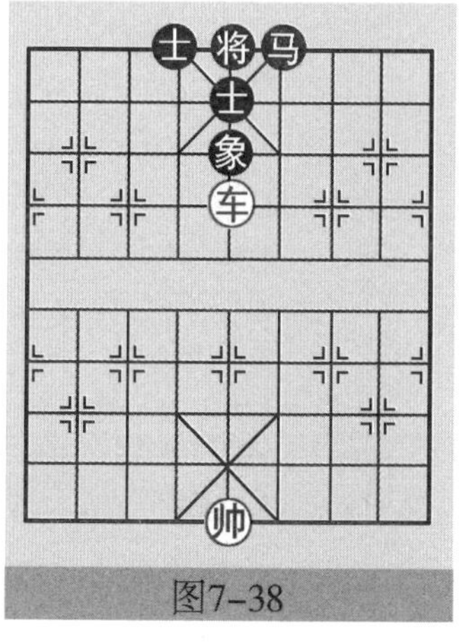

图7-38

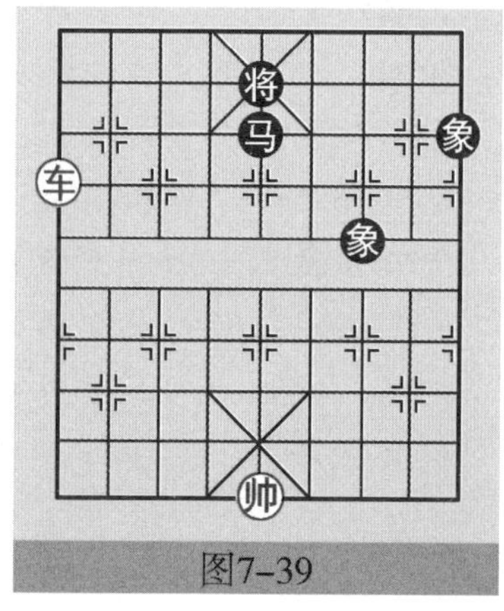

图7-39

(十)单车和马双象

守和要领:黑方两个象必须一个在河口,一个在边上,联结不动,黑马在中象位,术语称为"马三象",属正和局形,用将走闲着。当将被追不能动时,方可用马走闲着。除此之外,其他均属红胜。

如图 7-39,着法红先:

1.车九进二　　将 5 退 1　　2.车九进一　　将 5 进 1

3.车九平六　　将 5 平 6　　4.车六平五　　马 5 进 3

5.帅五进一　　马 3 退 5　　(和局)

(十一)单车必胜马双士

马双士不能守和单车。如图 7-40 形势,马藏在士的背后,被认为是最难取胜的局势,北方俗称"山后马"。取胜要领:①红方必须把马赶到无士的一侧,车锁将门;②用红帅拴链黑士,先破士后捉马,取胜较为容易。

如图 7-40,着法红先:

1.帅五平六　　马 6 退 8

2.车六平七　　士5退4

如改走马8进6,则车七进二,胜定。

3.车七进二　　马8进7

4.车七进一　　士6进5

5.车七退三　　士5退6

6.车七平三　　马7退8

7.车三进二　　马8进9

8.车三平六　　士4进5

9.车六平八　　士5退4

10.车八进一　　士6进5

11.帅六平五　　马9进7

12.车八退二　　马7进5

13.车八平三　　将5平6

14.车三进二　　将6进1

15.车三退四　　马5进3

图7-40

如改走马5退6,则帅五平四,将6退1,车三进四,必得士胜。

16.车三平四　　士5进6　　17.帅五平四　　士4进5

18.车四平七　　马3进5　　19.车七平三　　士5进4

20.车三进三　　将6退1　　21.车三退一　　士4退5

22.车三进二　　将6进1　　23.车三退一　　将6退1

24.车三平五　　(红胜)

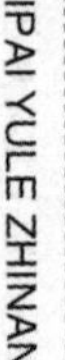

(十二)单车和三高卒

如图7-41,着法红先:

要三个卒集中在一起,并有两卒重叠,用黑将走闲着,当将不能移动时,可以走卒,前面一个卒随着红帅转移,才能守和。

1.车一平五　　将5平6

2.帅六平五　　将6进1

3.车五进三　　前卒平6
4.车五退三　　前卒平5
5.帅五平四　　前卒平6
6.车五退一　　将6退1
7.车五进二　　将6进1
8.车五退二　　将6退1
9.帅四平五　　前卒平5
（和局）

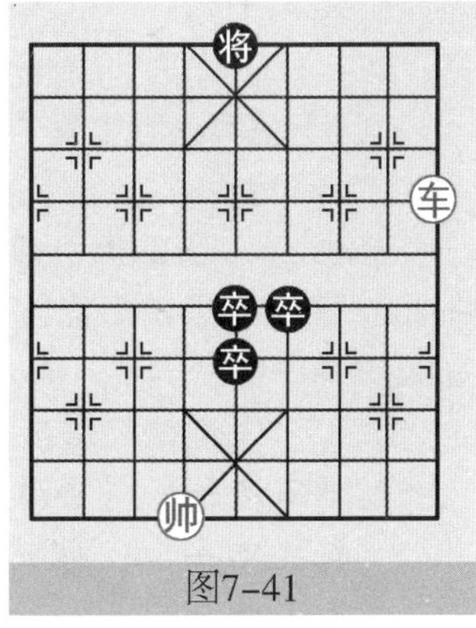
图7-41

马兵类

（一）马底兵必胜双士

只要运用底兵换得一士，形成"马擒单士"的必胜局面，或白吃一士而获胜。

如图7-42，着法红先：

1.马三退一　　将6进1

另有两种着法。甲：士5进6，兵七平六，士4退5，马一退三，将6进1，兵六平五，士5进4，马三进二，胜；乙：将6平5，马一退三，黑方被困毙。

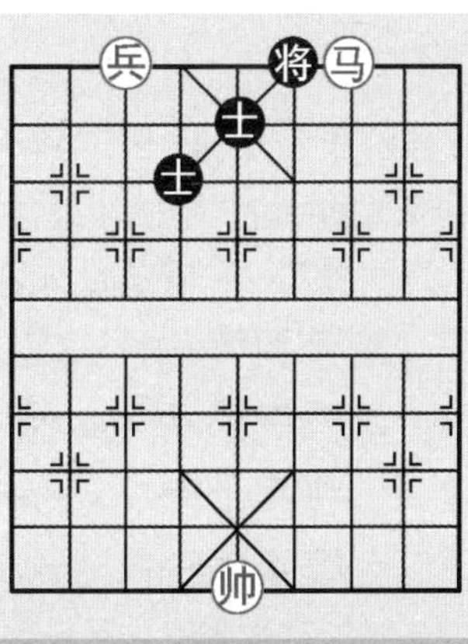
图7-42

2.马一退三　　将6进1

如改走士5进6，则兵七平六，士6退5，兵六平五，将6进1，马三进二，吃士胜。

3.马三进二　　士5退6
4.兵七平六

红兵进入九宫，胜定。

4.……　　士6进5　　5.兵六平五　　士5退4

6. 兵五平六　　(红胜)

(二)马底兵必胜单象

红底兵移到将侧象位，既避免黑将平中叫吃，又限制黑将不能落底，用帅走闲着，运马叫将抽象。

图7-43

如图7-43，着法红先：

1. 帅五进一　　将4进1
2. 兵五平六　　将4退1
3. 兵六平七　　将4进1
4. 帅五退一　　将4退1　　5. 马三进二　　将4进1
6. 马二退四　　象7退5　　7. 马四退五　　将4退1
8. 马五进七　　将4平5　　9. 马七进五　　(红胜)

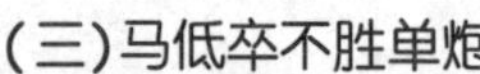

(三)马低卒不胜单炮

防守要领：炮占中、帅升顶，可以守和马低卒。注意：帅不往下走，炮不被马抽吃。

如图7-44，着法红先：

1. 炮五退二　　马7进8
2. 帅四平五　　马8进6
3. 帅五平四　　卒5平4
4. 炮五进二

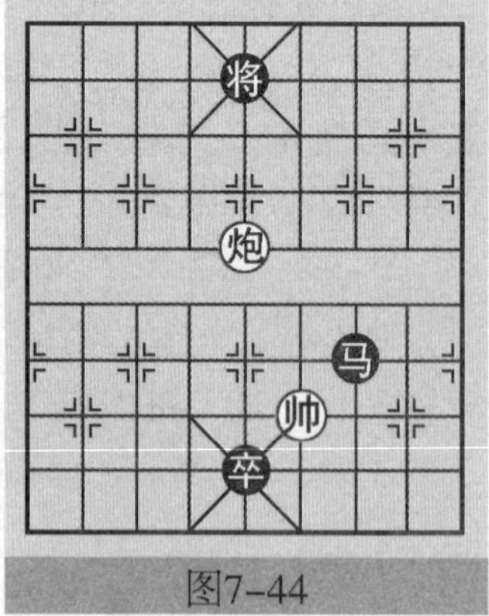

图7-44

如走帅四退一，容易发生危险。例如，帅四退一，马6退8，炮五进一，马8退7，炮五平三(如帅四进一，马7进5，黑胜)，卒4平5，帅四进一，将5进1，炮三退二，马7进8，炮三进一，将5退1，红方无棋可走被困毙，黑胜。

4.…… 马6退8
5.帅四平五 马8退7
6.帅五平四 马7退5 7.帅四平五 将5进1
8.炮五进一 马5退7 9.炮五退三 （和局）

（四）马高兵必胜单缺士

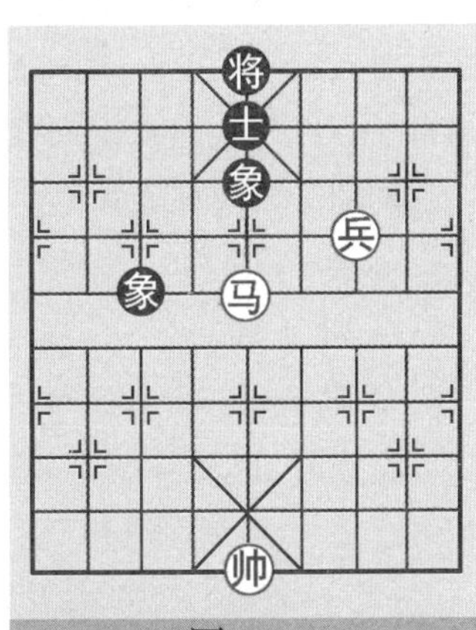

图7-45

如图7-45，着法红先：
1.帅五平六 将5平6
2.兵三进一 将6进1
3.兵三进一 将6退1
4.马五进三 象5进7
5.兵三平四 将6平5
6.马三退五 象7退5
7.马五退七

如改走马五进七，则士5进4，马七退九，士4退5，马九进八，士5进4，马八进九，象5进7，马九退七，将5平4，兵四平五，亦为红胜。

7.…… 士5进4 8.马七退八 士4退5
9.马八进九 士5进4 10.马九进八 将5平4
11.兵四平五 （红胜）

（五）马低兵和单缺士

将在二楼，士落将底，称“太公坐椅”，象呈双燕飞势，方能守和。
如图7-46，着法红先：
1.马七进五 象3退5
2.帅五进一 象5进3
3.马五进四 象3退5
（和棋）

(六)马低兵巧胜单缺士

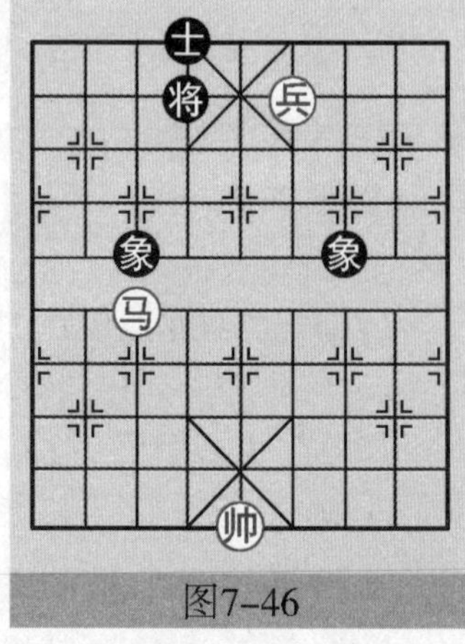
图7-46

本局失败的原因是象位不佳，远离中路。取胜的方法：红方要抓住黑方象位不好的弱点，用兵控士，用帅控制中路，并走闲着，用马进攻，吃黑象而获胜。

如图 7-47，着法红先：

1.马八进六　　将 6 进 1

2.帅五进一　　象 1 进 3

3.马六退七

吃象后，形成马低兵必胜单士象。

(七)马低兵巧胜单缺象

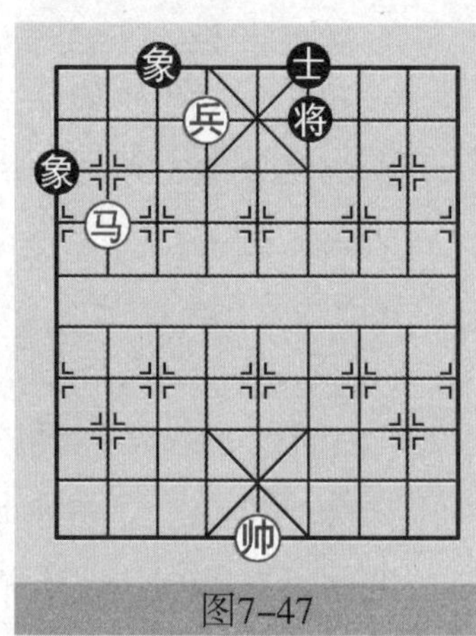
图7-47

如图 7-48，着法红先：

单缺象守和马低兵的条件是：将露头、将象分居两侧。本局将象同处一侧，不符合守和条件，要抓住弱点，各个击破，以帅助战，以兵破士，形成“马底兵胜单士象”的局面。

1.帅五进一

机警的等着，可使形势更为有利。

1.……　　士 5 退 6

正着。除此之外，败局更快：甲、士 5 进 4，帅五平六，士 6 退 5，马八退七照将，再兵四平五，吃士胜；乙、象 3 退 5，马八退七，照将吃象，形成“马兵必胜双士”；丙、士 5 退 4，马八退七，将 4 进 1，马七退五，将 4 平 5（如将 4 退 1，则马五进四吃士照将胜），帅五平六，士 6 退 5，马五进三，将 5 平 6，帅六平五以后，兵四平三，再用马将胜。

2.兵四进一　　士 6 退 5　　3.兵四平五　　士 5 进 6

4.帅五退一　　士 6 退 5　　5.马八退七　　将 4 进 1

6.帅五平四　　士5进6
7.马七退五　　将4平5
8.马五进四　　(吃士胜)

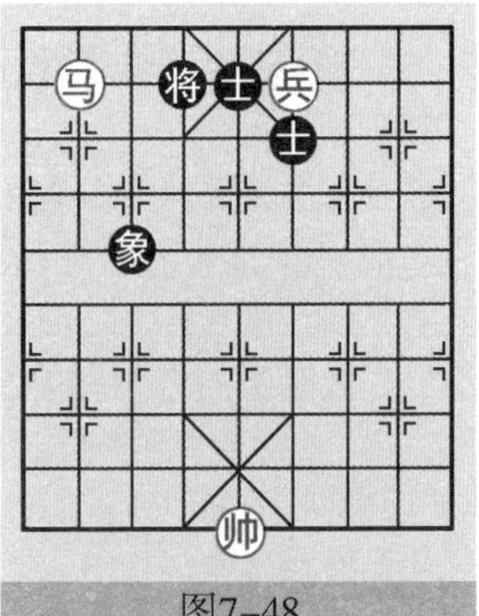
图7-48

(八)马兵和士象全

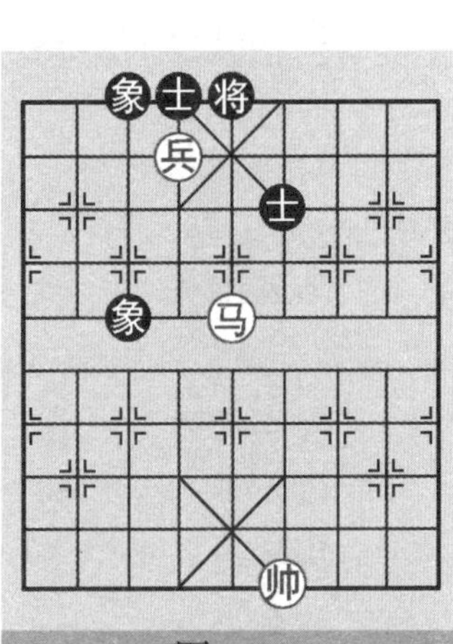
图7-49

如图7-49,着法黑先:

这是士象全守和马兵的一个局势,变化不很复杂,但比较微妙,稍一不慎,即有输棋的危险(本图中双象移至7路,也是和局),特别要防止兵吃士后,黑象难飞,再丢一象,形成"马底兵必胜单士象"的局面。

1.……　　将5平6
2.马五进三

如改走马五进六,则象3退5,马六进八,将6平5,亦和。

2.……　　将6平5

如改走象3退1,则红方兵六进一,形成马底兵胜单士象局面。

3.马三进二　　士6退5
4.马二退三　　士5进6
5.马三进一　　将5平6
6.马一退三

红方如改走兵六进一吃士,则黑象3进5,马一退三,象5进7,和局。

6.……　　将6平5　　7.马三退五　　将5平6
8.马五进六　　象3进1　　9.马六进八

如改走兵六进一,则象3退5,和局。

9.……　　将6平5　　(和局)

（九）马兵巧胜士象全

马兵对士象全，在守方未作好防守准备之前，有很多取胜的机会。

如图7-50，着法红先：

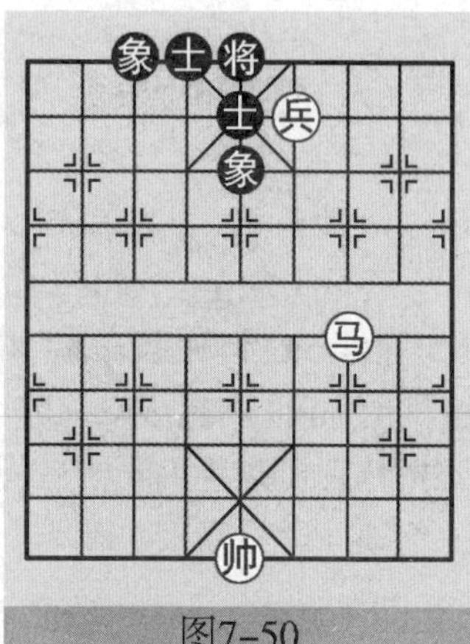

图7-50

巧胜要领：中马钳制将士象，停着安排马去向，左帅右兵控将门，争先回马边线上，必破一士，形成帅、兵分居四、六路，马低兵例胜单缺士的局势。

1.马三进五　　象3进1

2.帅五进一　　象1进3

如改走象1退3，则马五退七象5进3，马七退八象3退5，马八进九士5进4，马九进八士4进5，帅五平六，亦胜。

3.帅五平六　　象5退3

如改走象3退1，则马五退七，胜法同上。

4.马五退六　　象3进5

5.马六退八　　士5进4

6.马八进九　　士4进5

7.马九进八

必吃士，红胜。以下黑如接走士5退6，则马八进六，将5平4，帅六平五，将4进1，马六退五，象5进7，马五退四，象3退5，马四进六，象5进3，马六进五，再马五进三捉死士胜定。

炮兵类

(一)炮低兵和双士

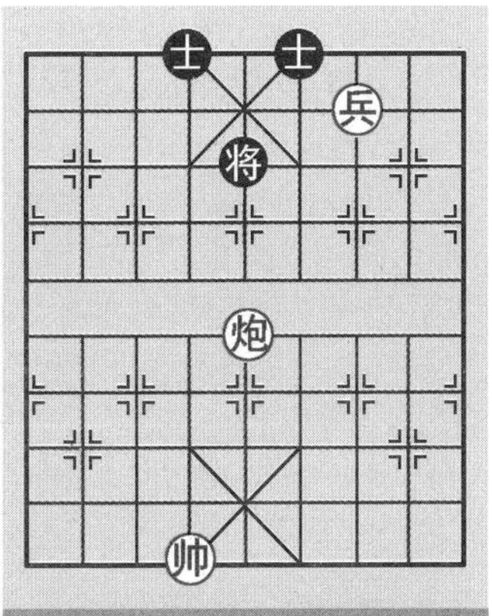

图7-51

如图 7-51,着法红先:

黑方须以将制兵,使红方帅兵无法移到同一侧线。如将不宜动时,则动士,使红炮无法兑双士,即可守和。

1.兵三平四　　将 5 平 6
2.兵四平三　　士 6 进 5
3.炮五平二　　士 5 进 4
4.帅六平五　　士 4 退 5
5.炮二进三　　士 5 退 6
6.炮二进二　　士 6 进 5
7.帅五进一　　士 5 进 4
(和局)

(二)炮低兵巧胜双士

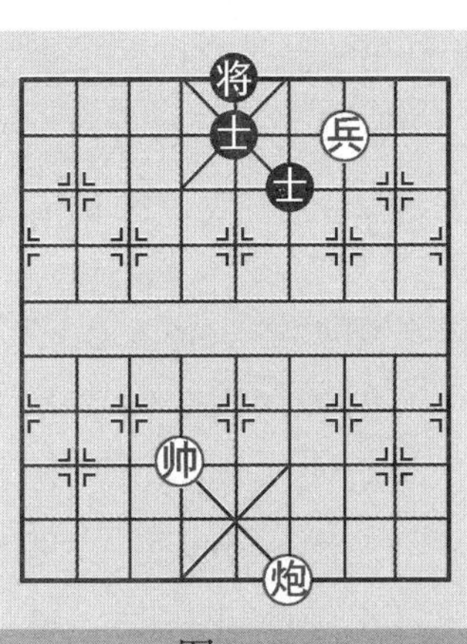

图7-52

如图 7-52,着法红先:

红方兵、帅分占四、六路,用炮破士,即可获胜。

1.兵三平四　　士 5 进 4
2.炮四平六　　士 4 退 5
3.帅六退一　　士 5 进 4
4.炮六进七　　将 5 平 4
5.炮六进一　　将 4 平 5

6.炮六平七　　士6退5

7.帅六平五　　(红胜)

(三)炮高兵必胜单象

如图7-53,着法红先:

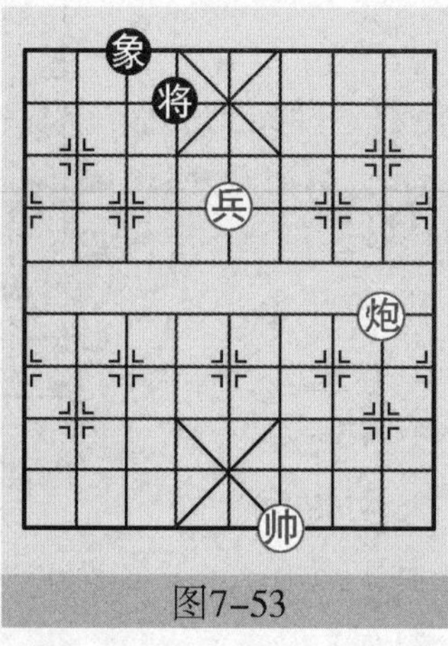

图7-53

高兵要在与黑象同侧前进,以兵制将,以帅助攻,左兵右帅,然后炮、兵双塞象眼,使黑方无着可应。

1.炮二平八　　将4平5

2.兵五平六　　象3进1

另有两种走法,皆为红胜:甲、象3进5,帅四平五,将5平6,兵六平五,象5进3,兵五平四,象3退5,炮八平四,将6平5,兵四进一,捉死象胜;乙、将5退1,兵六进一,象3进1,炮八进二,象1退3,炮八进二,将5进1,帅四进一,将5退1,兵六进一,红胜。

3.兵六进一　　象1进3

4.炮八进二　　将5退1

5.炮八平六　　将5进1

6.帅四进一　　将5退1

7.兵六进一　　象3退1

8.炮六平八　　象1退3

9.炮八进二　　（红胜）

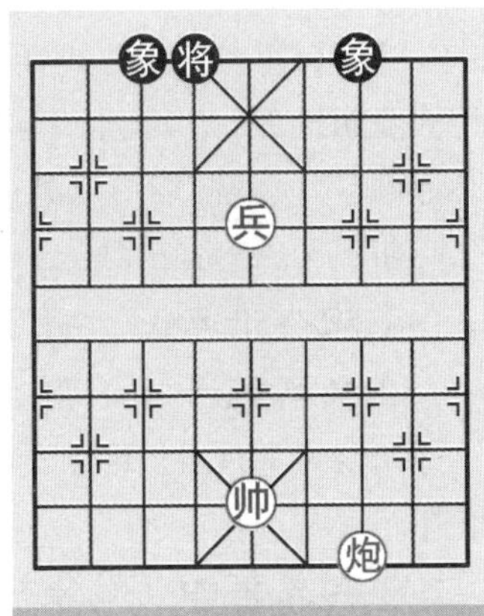

图7-54

（四）炮高兵和双象

黑方要注意飞与红兵同侧的象，当红方以炮破中象时，黑方不吃红炮，而以象走应着，使红兵无法既控制黑将又不能同时塞象眼，即可守和。

如图7-54，着法红先：

1.兵五平六　　象3进5

如改走象7进5，炮三平五将4平5，炮五进七象3进5，兵六进一，红胜。

2.炮三平五　　将4进1

3.帅五进一　　将4退1

4.兵六进一　　将4平5

5.炮五进七　　将5进1

如改走将5平6，则炮五平四，将6进1，炮四退一，将6退1，帅五退一，将6进1，兵六平五，象7进9，炮四平二，象9退7，炮二进二，将6退1，兵五平四，红胜。

6.炮五退一　　象7进9

7.帅五平六　　象9退7

如改走将5退1，兵六平五，将5平6，兵五平四，象9进7，炮五平四，将6平5，兵四进一，象7退9，炮四平二，象9退7，炮二进二，红胜。

8.炮五平二　　象7进9

9.帅六退一　　象9退7

10.炮二进二　　将5退1

11.兵六进一　　将5平6

12.兵六平五　　象7进5

（和局）

(五)炮高兵单相必胜双象

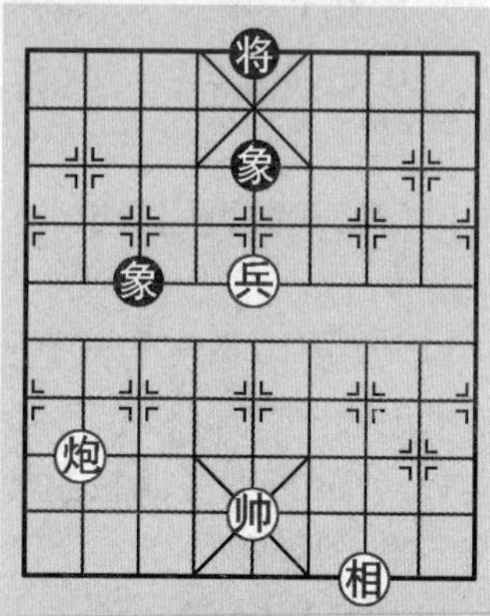

图7-55

红方以炮换双象,或兵白吃象,或帅、兵从两肋控制,炮、相居中路进攻,黑方双象防御自行瓦解,均可取胜。

如图7-55,着法红先:

1.炮八平五　　将5平6

2.兵五进一　　象5退3

如改走将6进1,则炮五进五,换双象胜。

3.兵五平四　　象3退5

如改走将6平5,则帅五平六,将5进1,兵四进一,将5退1,兵四进一,象3进1,炮五退二,象1退3,帅六退一,象3进1,相三进五,象3退5,炮五进七,再退炮破象胜。

4.兵四进一　　象3进1

如改走象5进3,则炮五平四,杀。

5.炮五平四	将6平5	6.兵四平五	象1进3
7.兵五进一	将5平4	8.炮四退二	象3退5
9.炮四平五	象5进3	10.相三进五	象3退5
11.帅五平四	象5进3	12.帅四进一	象3退1
13.相五进七	象1进3	14.帅四平五	象3退1
15.炮五平七	(红吃象胜)		

(六)炮高兵巧胜单士象

先想办法白吃黑方的士,成为炮高兵胜单象的形势。

如图7-56,着法红先:

1.炮八平五

控制黑方的士和象在中路的活动。

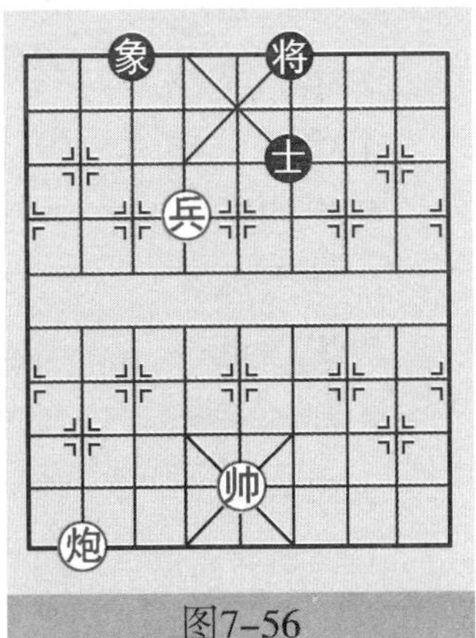
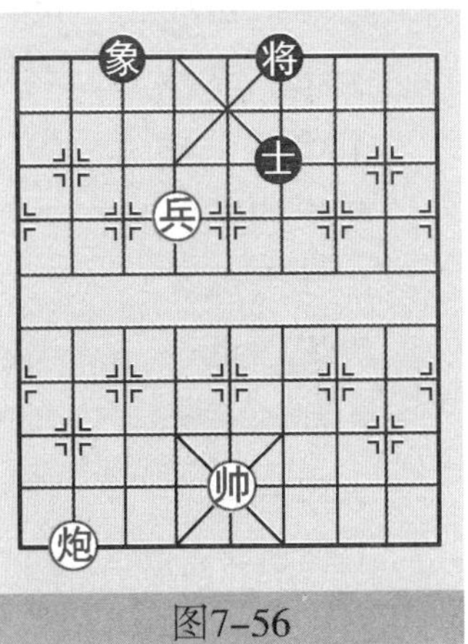
图7-56

1.…… 象3进1

2.兵六平七

用兵再去控制象,是正着。如改走兵六平五,则将6平5,帅五平六,士6退5,形成和局。

2.…… 象1退3

3.兵七平八 象3进1

4.兵八平九 象1退3

如改走象1进3,则兵九平八,同样管住象而逼黑方进将以后,丢士成败局。

5.帅五进一 将6进1

6.帅五平四 象3进5

7.炮五平四 象5退3

8.炮四进七

吃士后,形成炮高兵必胜单象的局面,红胜。

(七)炮底兵单仕巧胜单士象

如图7-57,着法红先:

红方抓住黑士扬起在将前,遮住将头的弱点,用炮禁住士,不能退回九宫中心,运帅牵制将士,再用炮灭士,形成炮单仕必胜单象的局面。

1.炮二进八 象7退5

如改走象7退9,则帅五进一,象9进7,仕六退五,象7退9,仕五进四,象9进7,兵五平四,象7退9,帅五平六,将4平5,炮二退八,将5进1,炮二平五,象9进7,仕四退五,将5平6,帅六平五,将6退1,仕五进四,红胜。

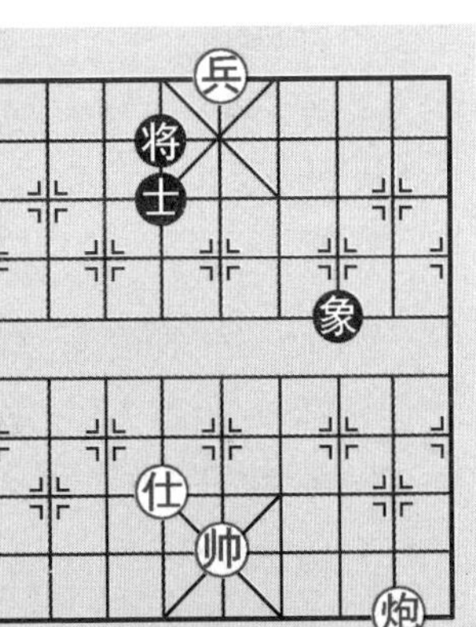
图7-57

2.帅五进一　　将4平5
3.炮二退八　　将5平4
4.炮二平四　　象5进3
5.炮四进八　　象3退5
6.仕六退五　　将4平5
7.炮四退一　　将5平4
8.帅五平六　　象5进7
9.炮四退七　　将4平5
10.炮四平六

吃士后，形成炮单仕必胜单象的局面，红胜。

(八)炮低兵单仕必胜单缺士

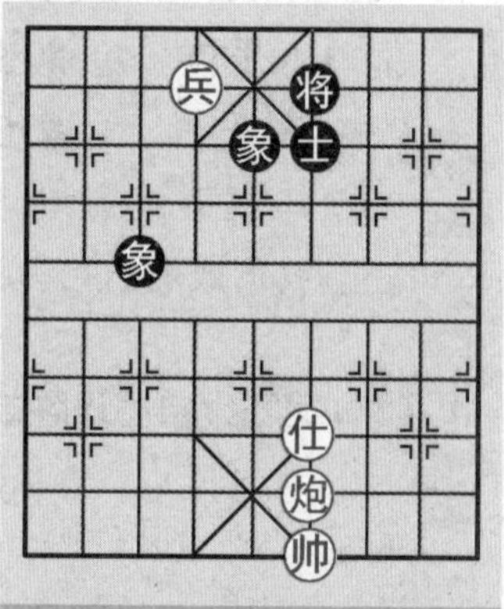

必须先设法消灭黑士，方能获胜。

如图7-58，着法红先：

1.炮四平八　　将6退1

如改走士6退5，红方则炮八进七，吃士胜。

2.仕四退五　　象5进7
3.帅四进一　　将6平5
4.炮八退一　　象7退5
5.炮八平五　　士6退5
6.仕五进六　　（红胜）

图7-58

如图7-59，着法红先：

1.炮三平五　　象7退9　　2.帅四平五　　象9进7
3.帅五平六　　象5进3　　4.帅六进一　　将6平5
5.炮五退一　　象3退1　　6.仕四退五　　将5平6
7.炮五平六

吃士后，形成炮低兵单仕必胜双象的局面，红胜。

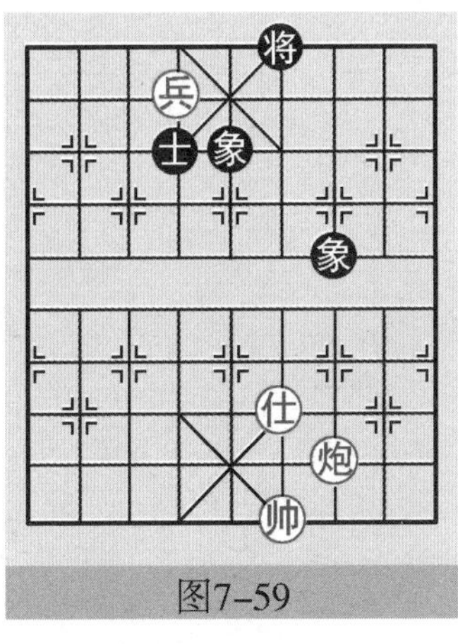
图7-59

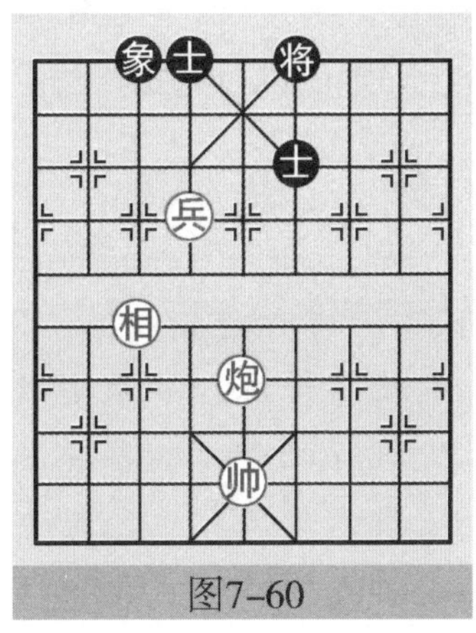
图7-60

(九)炮高兵单相必胜单缺象

先以炮控制象,以兵制士,以帅助攻,逼黑方落回"羊角士",然后以帅镇中,兵锁将门,炮沉底线,困死黑方。

如图 7-60,着法红先:

用炮将军,强迫黑方收回"羊角士",再用炮、兵控制将门,然后炮平左翼禁死边象,破士而胜。

1.炮五平四　　士 6 退 5　　2.兵六平五　　将 6 平 5

如改走象 3 进 1,则兵五平四将 6 平 5,兵四进一,红胜。

3.炮四平七　　象 3 进 1

4.兵五平四　　将 5 平 6

5.炮七平四　　将 6 平 5

6.兵四进一　　象 1 退 3

7.兵四进一　　象 3 进 1

如改走象 3 进 5,则炮四平五,红胜。

8.炮四平七　　(红胜)

(十)炮低兵巧胜士象全

如图 7-61,着法红先:

本局为传统的炮低兵胜士象全的技法,其运子手段非常精妙。

1.炮二平五　象 1 进 3
2.炮五进四　象 3 退 1
3.帅六平五　象 1 进 3
4.帅五平四　象 3 退 1
5.炮五平二　士 6 进 5
6.帅四平五　象 1 进 3
7.炮二平七　象 3 退 1　8.帅五退一　象 3 进 5
9.炮七平五　象 1 退 3　10.帅五平四　(红胜)

图7-61

(十一)炮高兵单缺仕必胜士象全

炮高兵单缺仕对士象全,是个变化异常复杂的残局,双方攻守规律较难掌握,取胜方法:①兵不可轻易前进,等待机会白吃士象;②用兵换双象,形成炮仕胜双士;③利用主帅拴链将士,再联合攻士,破双士而胜。

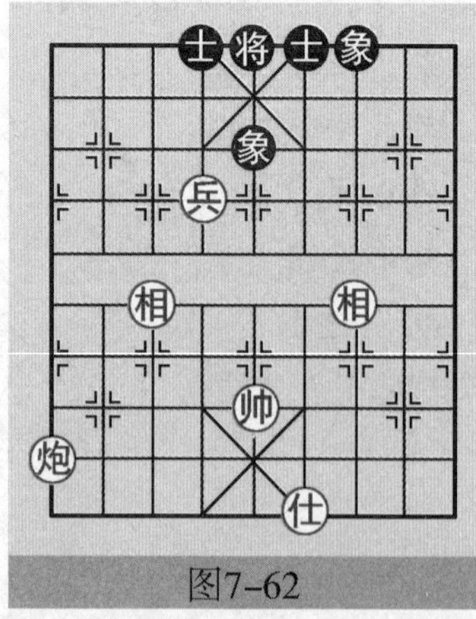

图7-62

如图 7-62,着法红先:

红方运子取势,帅控将门,炮镇空头,兵从帅的另一侧挺进,威胁士象,逼将出宫,然后用炮帅联合破士而胜。

1.炮九平五　　士 4 进 5

如改走士 6 进 5,则帅五平四,象 7 进 9,兵六进一,象 9 进 7,兵六平五,吃象胜。以下黑象如吃兵,则被困毙。

2.兵六平五　　象 5 进 7

避免红兵依仗炮的力量兑换双象。

3.帅五平六　　象 7 进 9　　4.炮五进二　　象 9 退 7

5.仕四进五　　象 7 进 9　　6.仕五进四　　象 9 退 7

7.炮五退三　　象 7 退 9　　8.兵五平四　　士 5 进 4

如改走象 7 进 5,则兵四平三,象 9 退 7,兵三平二,象 7 进 9,兵二进一,捉死边象,黑方困毙,红胜。

9.兵四进一　　将 5 平 4

如改走将 5 进 1,则仕四退五,将 5 平 4(象 7 进 5,兵四平五,破象士胜),炮五平六,将 4 退 1,兵四进一,吃士胜。

10.兵四进一　　将 4 平 5　　11.兵四平三　　象 9 进 7

如改走将 5 平 4,则炮五平六,士 6 进 5,兵三平四,吃士胜。

12.兵三进一　　将 5 进 1

如改走象 7 退 9,则兵三平四,将 5 平 6,帅六平五,红胜。

13.兵三平四　　将 5 进 1　　14.仕四退五　　将 5 平 6

15.帅六平五　　将 6 退 1　　16.仕五进四　　(红胜)